Christian Wiman

Mein heller Abgrund

Christian Wiman

MEIN HELLER ABGRUND

Gedanken zum Leben für alle Sterblichen dieser Welt

Aus dem amerikanischen Englisch
von Silvia Lutz

adeo

STIMMEN ZUM BUCH

„Die Prosa von *Mein heller Abgrund* ist so lyrisch und echt, dass man sie sich auf der Zunge zergehen lassen und sie dann Fremden auf der Straße wiedergeben möchte … Wiman verweigert sich einfachen Schlussfolgerungen, er zelebriert den Vers und die zwei Seiten der Freude an der Nabe unseres Lebens – Nietzsches *tragische* Freude. Er hat ein Buch geschrieben, das für viele lebensverändernd sein wird."

– William Giraldi, *Virginia Quarterly Review* –

„Wie die klassischen Mystiker gebraucht Wiman oft eine Sprache des Paradoxen, um Dinge zu vermitteln, die die gewöhnliche Sprache nicht auszudrücken vermag … Wiman spricht vorsichtig, aber mächtig … Das Beste, das aus der Kontemplation der Sterblichkeit entstehen kann, ist vielleicht eine Art Weisheit, die anderen Stärke geben kann. Nicht durch die Beantwortung von Fragen im Stil jener Bestseller, die vorgeben, sagen zu können, was passiert, wenn wir dieses helle Licht gesehen haben, sondern durch ein ehrliches Fragenstellen … *Mein heller Abgrund* ist ein Buch, das Licht und Stärke geben wird, selbst denen, die seinem schweren Weg nicht folgen können."

– Adam Kirsch, *The New Yorker* –

„Poliert und schön, ist *Mein heller Abgrund* ein ernüchternder Blick auf den Glauben und die Poesie eines Mannes, der an beides leidenschaftlich glaubt, der aber befürchtet, es zum letzten Mal zu sehen. Wimans Denkschrift ist in ihrer Bereitschaft, nicht nur den religiösen Glauben, sondern auch einen seiner häufigsten Vertreter, die Literatur, zu hinterfragen, innovativ… Hier ringt ein Dichter mit Worten, wie Jakob mit dem Engel gerungen hat… Wiman nennt seine Denkschrift ‚Meditationen eines modernen Gläubigen'. Genau das ist dieses Buch, aber es ist mehr als eine Meditation, es ist eine Apologie und ein Gebet, eine Einladung und ein Wegbegleiter für alle, die leiden, und für alle, die glauben."

– Casey N. Cep, *The New Republic* –

„Ohne Trost anzustreben, gelingt Wiman dies trotzdem; ohne dem Leser Trost zu bieten, schenkt sein Buch überall Trost. Mr Wiman fällt nicht auf die Beruhigungsmittel herein, die er manchmal im heutigen Christentum findet, das zu oft ‚eine grinsende, sich selbst überhebende, unangreifbare Art von Glück, die keine Wahrheit in sich hat' propagiert. Glaube hat für ihn weniger mit Glauben zu tun als mit dem ‚Annehmen der ganzen Gaben, die Gott uns auch inmitten des Todes schenkt… Annehmen der Gnade'. Dieser Gedanke ist bekannt, aber Mr Wimans Buch nähert sich ihm auf einem neuen Weg. Vielleicht braucht jede Generation einen Autor, der von diesem uralten Weg abweicht und dadurch den Zugang erneuert und zum Eintreten einlädt, wie es Christian Wiman in seiner bedeutenden Beschreibung des modernen Glaubens tut."

– David Yezzi, *The Wall Street Journal* –

„Die Reife von Wimans Stimme, die Ruhe, die seine Worte durchdringt und die Tiefe seiner Selbstprüfung verrät, und der unglaubliche Rhythmus, der in fast jedem Satz zum Ausdruck kommt, machen dieses Buch aus, das ich allen empfehle, die in den beängstigenden und schönen Abgrund blicken, und das ist jeder Einzelne von uns."

– Caitlin Mackenzie, *HTMLGIANT* –

„*Mein heller Abgrund* lässt die Grenzen zwischen Poesie und Prosa verschwimmen. Wenn der englische Poet und Priester Gerard Manley Hopkins aus dem 19. Jahrhundert in das Amerika zu Beginn des 21. Jahrhunderts versetzt würde, würde er vielleicht eine derartige Denkschrift verfassen … Dieses erstaunliche Buch mit seiner Meisterhaftigkeit und Einsicht, seinem Trost und seiner Herausforderung könnte leicht Teil unseres literarisch-theologischen Kanons werden."

– David Skeel, *Books and Culture* –

INHALT

VORWORT

Vor sieben Jahren schrieb ich ein kurzes Essay mit dem Titel „Love bade me welcome“ (Die Liebe hieß mich willkommen). Es erschien (unter einem anderen Titel) in einer relativ kleinen Zeitschrift und löste, verglichen mit meinen sonstigen Erfahrungen, verhältnismäßig viel Resonanz aus. Aber erst später, im Internet, in Anthologien, in Gottesdiensten und Lesezirkeln, bekam dieses Essay ein zweites Leben. Noch heute erreicht mich gelegentlich die Zuschrift eines Lesers, der darauf gestoßen ist. Diese Briefe sind abwechslungsreich, intensiv, intelligent und kommen oft von Menschen, die nicht den geringsten Bezug zur literarischen Welt haben. Es sind die erfreulichsten Reaktionen auf meine Arbeit, die ich je erhalten habe.

Und das Essay selbst? Es handelte von Verzweiflung: davon, dass ich die Fähigkeit zu schreiben verlor, mich verliebte, die Diagnose erhielt, unheilbar an Krebs erkrankt zu sein, und dass mein Herz zerrissen wurde von etwas, das ich langsam und trotz meiner ganz modernen, weltlichen Instinkte Gott zu nennen lernte. Mein ganzes Sein, mein Leben, war auf acht Seiten komprimiert. Detailliert beschrieb das Essay eine radikale Veränderung in meinem Leben, und dann schien es – beziehungsweise die Reaktion darauf schien –, ein weiteres zu verlangen.

Ich bin ein Dichter. Heute in Amerika Dichter zu sein, bedeutet, sagen wir es mal so, verhaltene Reaktionen auf die eigene Arbeit gewöhnt zu sein. Und auch – und vermutlich beschränkt sich das nicht nur auf Amerika –, dass man lernt zu schreiben, ohne sich allzu viele Gedanken um die Leserschaft zu machen. Nicht weil man nicht wollte, dass die eigenen Gedichte gelesen werden, aber damit Gedichte die Stimme ehren, die sie erschafft (eine Stimme, die, wie selbst die profansten Dichter anerkennen, von „anderswoher“ zu kommen scheint) – damit also die Gedichte auch wirklich Gedichte sind –, muss man sich eine mönchsgleiche Hingabe zu deren Quelle aneignen und zu der Stille in einem selbst, die es dieser Quelle ermöglicht zu sprechen.

Ich werde die Dichtung niemals aufgeben – ich wüsste nicht einmal wie –, aber die vielen Zuschriften auf „Love bade me welcome“ haben mir stärker bewusst gemacht, dass es eine Leserschaft gibt und dass ich selbst den Dialog brauche. In diesem Land gibt es eine beachtliche Vielzahl tiefsinniger Menschen, die zwar von der Sprache und der Form der gegenwärtigen amerikanischen Religiosität frustriert sind, die aber nichtsdestotrotz dieses feurige Drängen in sich spüren, das über unser Selbst hinausgeht – diese beharrliche, unablässige Anziehungskraft des Geistes, der Gott genannt wird. Ich wollte daher versuchen, diese Menschen direkter anzusprechen. Ich wollte ein Buch schreiben, das vielleicht jemandem hilft, der genauso wie ich gleichzeitig verwirrt und überzeugt ist in Bezug auf die Quelle des Lebens und Bewusstseins.

Anfangs dachte ich, dieses Buch würde meine Krankheit nicht aufgreifen. Ich sagte mir, dass ich jeden Anschein eines besonderen Flehens vermeiden wollte, dass ich das Persönliche weglassen und zu tieferen Wahrheiten kommen wollte. Doch eigentlich suchte ich wohl am meisten für mich selbst nach einem Ausweg und einer Befreiung. Denn in den Jahren, in denen ich an diesem Buch gearbeitet habe – das mehr ein Mosaik als ein fortlaufender Diskurs oder eine Erzählung ist –, hat sich der Krebs ausgebreitet und ist zurückgegangen, meine Zukunftsperspektive trübte und erhellte sich und jede Tat und jeder Gedanke geschah in diesem Schatten. Der Aufbau des Buches spiegelt dies wider, nicht nur in bruchstückartig episodenhaften Passagen, sondern auch in der beschleunigten Dringlichkeit der letzten Kapitel. Ich bin ziemlich sicher, ich hätte auch dann über Glaubensthemen geschrieben, wenn ich nie krank geworden wäre. Das Verlangen danach ist in meinen früheren Arbeiten erkennbar. Doch ich vermute auch, ohne die Triebkraft einer schweren Krankheit hätte mein Schaffen nicht diese spezielle Form angenommen. Es wäre nicht ehrlich gewesen, hätte ich diese Dynamik ignoriert.

Als vor sieben Jahren mein Leben sich öffnete, wusste ich ganz genau, dass ich Glauben hatte. Aber an *was* genau, war weniger klar. Also beschloss ich, diese Frage zu beantworten, auch wenn ich zwischenzeitlich erkannte, dass die eigentliche Frage – die eigentliche Schwierigkeit – nicht im *Was?* sondern im *Wie?* steckt. Wie antwortet man auf dieses feurige Drängen im Innern? Und was könnte es vielleicht für das eigene Leben – und den eigenen Tod – bedeuten, diesen beharrlichen, unablässigen Geist anzuerkennen?

MEIN HELLER ABGRUND

Mein Gott, mein heller Abgrund,
in den all mein Sehnen nicht gehen will,
wieder komme ich an den Rand all meines Wissens,
und nichts glaubend glaube ich an dies:

* * *

Hier endet das Gedicht. Besser gesagt, es scheitert. Denn in den Jahren, seit ich diese Strophe geschrieben habe, versuche ich, meinen Weg hin zu seinem Abschluss zu erspüren, zu erzwingen. Doch unser Wille ist für Gedichte generell nicht besonders empfänglich und dieses erweist sich aus ganz offensichtlichen Gründen als besonders störrisch. Als wäre es nicht schon schwer genug, meinen Glauben in Worte zu fassen, scheine ich ihn durch einen einzigen Vierzeiler destillieren zu wollen. Nach wie vor kenne ich so meinen Verstand, dass ich mich vortaste durch den Klang der Worte zu den Vorstellungen, die sie schaffen. Und durch diese zu Ansichten des Lebens, die darüber hinausgehen. Ich habe immer an dieses „Darüber-hinaus" geglaubt, selbst in den langen Jahren, in denen ich Gott nicht anerkennen wollte. Insofern hatte ich für das Gedicht etwas Ähnliches erwartet. Ich wollte, dass sich vor mir ein Bild auftut, das sowohl meinen wankenden Glauben festigt, sich aber auch darüber hinaus verzweigt, um mehr auszudrücken, als ich selbst sagen kann.

Ehrlich gesagt, ich sehne mich derzeit danach, deutlicher auszudrücken, was es ist, das ich glaube. Es ist nicht so, dass ich poetischer Wahrheit müde wäre oder dass ich das Gefühl hätte, sie wäre irgendwie schwächer oder weniger wahr als die Vernunft. Das Gegenteil ist der Fall. Die Inspiration ist für das Denken, was die Gnade für den Glauben ist: sich einmischend, transzendent, sich verändernd, aber auch flüchtig und allzu oft ungewöhnlich. Ein Gedicht kann gleichzeitig seinen Verfasser sowohl von der Existenz tiefer ergriffen machen als auch in erheblicher Weise von ihr entfremden, was es bezogen auf den Akt, ein Ende zu finden – angesichts einer Welt, die Grenzen zu sprengen scheint und letztlich doch bloß wieder zur Welt wird –, sehr schwierig macht, in dem ursprünglichen Moment der Inspiration überhaupt einen Glauben zu bewahren. Schließlich können die Erinnerung an dieses kurzzeitige Auflodern und die Kunst, die davon ausging, zu einem Tadel werden für das feuerlose Leben, in dem man sich die meiste Zeit befindet. Bei der Gnade verhält es sich nicht anders. (Künstlerische Inspiration *ist* manchmal ein Gnadenakt, wenn auch bei Weitem nicht immer.) Gnade zu erfahren, ist das eine, sie ins eigene Leben zu integrieren, etwas ganz anderes. Wonach ich mich momentan sehne, ist aber diese Integration – eine Sprache zu finden, die der transzendenten Natur der Gnade gerecht wird und doch der harten Realität, in der Glaube täglich stattfindet, angemessen ist. Ich sehne mich vermutlich nach der Poesie *und* der Prosa des Erkennens.

***

Als ich jung war, ungefähr zwölf Jahre alt, hatte ich eines Morgens in der Kirche eine „Erfahrung". Ich setze das Wort in Anführungszeichen, weil die Kultur, in der ich aufgewachsen bin, zwar eine deutliche Sprache besaß, um zu erklären, was mit mir passierte (ich wurde vom Heiligen Geist erfüllt, ich wurde erlöst), aber ich empfinde diese Sprache nicht mehr als zutreffend oder hilfreich, wenn ich daran denke, wie sich Gott – männlich, weiblich oder göttlich oder welches hilflose Adjektiv man auch immer verwenden mag – in der Realität und im Leben eines Einzelnen offenbart. Außerdem erinnere ich mich nicht wirklich an dieses Erlebnis. Ich erinnere mich, dass es passierte, aber nur so wie in dem halb wachen, sedierten Zustand nach einer kleineren Operation. Ich erinnere mich, zum Objekt von Staunen und Beifall Erwachsener geworden zu sein, aber schon damals kam mir das Kind, das diese Erwachsenen beschrieben, das weinte, zitterte und sich im Keller der Kirche eng zusammengerollt hatte, fremd vor.

Ich wuchs in einer flach gebauten, kleinen, sandgestrahlten Stadt in West-Texas auf: mit Ölbohrtürmen und Pick-ups, Baumwolle so groß wie geerdete Wolken, einer verlassenen Straße, einer betriebsamen Müllhalde und über allem ein riesiges, blaues und grenzenloses Nichts, das mir nie wirklich auffiel, bis ich wegging, und es begann, sich besorgniserregend in meinem Inneren auszubreiten. Diesen Ort überwiegend christlich zu nennen, ist, wie die Sahara als überwiegend sandig zu bezeichnen: Ich begegnete keinem einzigen wirklich Ungläubigen – bis zu meinem ersten Tag am College in Virginia, als ein beängstigend cooler Studienanfänger, der von einer Privatschule kam, seinen Atheismus genauso beiläufig erwähnte, als spräche er von seinem Lieblingsessen. Auch wenn ich gegenwärtig meine eigene Art von belesenem Atheismus akzeptieren würde – mit, ach, Bekehrungseifer natürlich –, hätte ich in diesem Moment damals nur noch schockierter sein können, wenn dieser Student angefangen hätte, den Kopf rundherum zu drehen und aramäisch zu sprechen.

Das Inseldasein, das meinen Schock ermöglicht hatte, ist zweifellos genau das, was Gott möglich machte – als eine spürbare

Realität, die geneigt ist, zu handeln und einzugreifen, eine ahnungslose Seele wie eine Unwetterfront heimzusuchen. Das war, laut meiner Familie, an jenem Tag in der Kirche geschehen, als ich beim Aufruf, mich erlösen zu lassen, aufstand und, statt zum Altar und in die ausgebreiteten Arme des Pastors zu gehen, aus dem Gottesdienst floh und im Keller landete. Welche innere Anspannung erfasste mich derart, dass ich nicht ruhig bleiben konnte? Welche Liebe oder welches Urteil überwältigte mich dermaßen, dass ich nicht sprechen konnte? Schließlich fand mich, unzusammenhängende Worte murmelnd, weinend und wie in Ekstase, mein Vater. Niemand zweifelte an dem, was mit mir passiert war, noch spielte es eine Rolle, dass ich selbst keine Ahnung davon hatte. Ich war genauso heimgesucht worden wie einst Jakob oder Maria. Ich war berufen und erfüllt worden.

Es passt irgendwie, dass die intensivste geistliche Erfahrung meines Lebens wie ein Traum aus meinem Gedächtnis verschwunden ist (und damit ähnelt sie dem Leidvollen, das mich aus der Kirche getrieben hat, die mich doch offenbar so auf diesen Moment hin vorbereitet hatte). Dieser Moment bedeutet mir heute nichts, und ich neige dazu, ihn rational wegzuerklären: Ich wuchs in einer Kultur auf, die Jugendliche zu einer Bekehrung ermutigte – zu einer Bekehrung im *Stillen*, aber trotzdem zu einer Bekehrung. Allerdings sollte diese zeitlich so liegen, dass sie mit der Taufe eines Menschen zusammenfiel, was für Baptisten erst dann geschehen konnte, wenn man alt genug war, um zu verstehen, wozu man sich verpflichtete. Ich wurde also durch die Kultur erstklassig darauf vorbereitet, *etwas* zu erleben. Und dann verschworen sich meine eigene unterdrückte Fantasie und lang gehegte Langeweile, um auf diese geschürte Erwartung mit einem ausgesprochenen Entzücken zu antworten. Kurz gesagt: Ich habe es vorgetäuscht.

Doch diese Erklärung wirft Probleme auf. Denn es entspricht erstens ganz und gar nicht meiner Natur, theatralisch zu sein, die Bereitschaft zu haben, meine Gefühle ins Rampenlicht zu stellen und diese ungezügelt auszudrücken. Das alles fühlt sich für mich unangenehm an, selbst dreißig Jahre später. Auch ist es unwahrscheinlich, dass man eine solch simulierte Erfahrung einfach *vergessen* würde (bzw. könnte). Könnten all die dafür nötigen Überlegungen, die einstudierte Ausführung, die ganze Aufregung und Sorge der anderen Menschen tatsächlich einfach so in Vergessenheit geraten?

Natürlich gibt es da noch eine andere Möglichkeit: Die Erfahrung war echt. Zu echt. Doch nicht in dem Sinn wie Traumata, die wir deshalb in uns vergraben, sondern in einem anderen, zellenartigen Sinn – als ein vollständiges Sein, an das ich mich nicht erinnern kann, weil ich mich ihm nicht entziehen kann, weil ich kein „Ich" finde, von dem aus ich mein Selbst sehe, das ich einen Moment lang war. Oder das ich nicht war. Angenommen, man würde von der Ewigkeit berührt, wenn einem also das ganze Drumherum von Zeit und Selbst genommen würde und man ganz Seele wäre, wenn Gott einem quasi so „passiert" wäre – ist es dann nicht möglich, dass sich diese Erfahrung nicht mehr in das Land der Bohrtürme und Pick-ups zurückübersetzen ließe, in unsere tägliche Routine, in der wir Worte wie Selbst und Seele, Offenbarung und Bekehrung ganz selbstverständlich benutzen, so als wüssten wir, was diese bedeuten? Vielleicht habe ich es gar nicht „vergessen". Vielleicht ist es auf zellulärer Ebene passiert – und passiert fortwährend weiter – und bedeutet mir nicht nichts, sondern alles. Vielleicht erinnere ich mich wie an einen atavistischen Impuls nicht daran, aber es erinnert sich an mich.

* * *

Kehrt man nach langem Umherirren zum Glauben seiner Kindheit zurück, tendieren Menschen, die völlig säkular orientiert sind, dazu, diesen Schritt abzutun oder ihn zumindest zu missbilligen. Sie sagen, er sei „psychologisch motiviert". Dieser Motivation, das versteht sich von selbst, ist man sich selbst nicht bewusst. Wie es der Zufall will, hegt man selbst aber auch diesen Verdacht. Und dieser nagt an der Intensität der Erfahrung, die einen veranlasst hat, wenn auch still, seinen wiedergefundenen Glauben zu bekennen, sodass man sich schon bald in Argumenten zwischen Religion und Wissenschaft, Theologie und Geschichte gefangen sieht und versucht, die Glaubenslehre wie ein riesiges, zerrissenes Zelt im Wind zu befestigen.

Letztlich gibt es keine Möglichkeit, „zum Glauben der eigenen Kindheit zurückzukehren", es sei denn, man erwacht aus einem jahrzehntelangen und absolut wörtlichen Koma. Glaube verhält sich nicht wie ein Land, an das man sich halbwegs erinnert und in das man eines Tages wie ein König, der lange im Exil gelebt hat, zurückkehrt, alte Weisheit verkündet und die radikalen, aufrührerischen Aspekte des eigenen Wesens, durch die man betrogen wurde, hinauswirft. Nein. Das Leben ist kein Irrtum, selbst wenn es einer ist. Das soll heißen, der Glaube, den man am Ende seines Lebens hat, wird nicht nur durch das Leben beeinflusst, sondern ist stark davon abhängig. Denn Glaube an Gott ist im tiefsten Sinn Glaube an das Leben – das heißt, dass selbst das unerschütterlichste Glaubensleben ein Leben mit großen Veränderungen ist. Daraus folgt, wer mit fünfzig glaubt, was er mit fünfzehn geglaubt hat, hat nicht gelebt – oder er hat die Wirklichkeit seines eigenen Lebens geleugnet.

Zuzugeben, dass es vielleicht ein psychologisches Bedürfnis gibt, das inspiriert, zum Glauben zurückzukehren, schließt die geistliche Notwendigkeit weder aus noch mindert sie. Genauso wenig schmälert ja die Kenntnis über chemische Zusammenhänge bei der sexuellen Anziehungskraft das Geheimnis anhaltender menschlicher Liebe. Glaube kann einen nicht vor den Ansprüchen des Verstandes retten, außer insofern, als dass er diese wunderbar schreckliche Zeit bewahrt und schützt, in der der Verstand, wenn auch nur für einen kurzen Moment, seinen Anspruch auf einen Menschen verliert.

***

Im Radio höre ich, wie ein berühmter Schriftsteller seinen Vater dafür lobt, dass er einen langen, schweren Todeskampf ertragen hat, ohne jemals „in der Religion Linderung zu suchen". Aus der Beschreibung des Sohnes wird deutlich, wie verzweifelt der Vater war. Dass er sich an nichts als an seinem Stolz festhalten konnte, als diese kalten Wasser über ihm zusammenschlugen, und wie er ertrank, während er sich an dieses Nichts klammerte. Ist das bewundernswert? Dass wir unsere Verzweiflung stoisch mit in den Tod nehmen, dass nicht einmal die schlimmste Not unseres Lebens uns verändert? Wie erstaunlich ist diese Hartnäckigkeit, mit der wir uns an Glaubensvorstellungen klammern, die uns elend fühlen lassen, oder die sich angesichts extremen Leids – oder großer Freude – als so offensichtlich unzureichend erweisen. Doch die Spannung liegt hier nicht nur zwischen Glauben und fehlendem Glauben. Ein Christ, der unablässig, aber im Wesentlichen nur seicht glaubt, erlebt vielleicht, dass er berufen ist, die ganze menschliche Wahrheit über Gott zu ertragen, die die Abwesenheit Gottes ist, und er ist vielleicht am Ende selbst mit der absoluten Leere des Kreuzes konfrontiert. Gott spricht in jedem Moment zu uns und Gott ist Leben, *dieses* Leben. Bis zu unserem letzten Atemzug bleibt uns die Möglichkeit zu radikaler Veränderung. Insofern ist es die größte Tragödie unseres Menschseins, nicht im Hier und Jetzt und nicht rechtzeitig zu leben.

***

Ich will damit nicht sagen, die Haltung stoischer Akzeptanz wäre nicht manchmal eine lohnenswerte. Ich weiß nicht, was im Kopf des Vaters dieses Schriftstellers vor sich ging (die Verzweiflung schien gegen die stoische Akzeptanz zu argumentieren), doch was im Kopf des Schriftstellers vor sich ging, war unübersehbar deutlich: die alte Angst, Religion sei eine Krücke, freudsche Wunscherfüllung, eine endgültige Verweigerung des Lebens – die, um Leben zu *sein*, das volle Bewusstsein über den Tod einschließen muss –, statt ein letztendliches Aufblühen des Lebens. Einige Christen verweisen gern auf Anekdoten (die möglicherweise apokryph sind), wie die von Nietzsche, jenem Verehrer reiner Macht, der am Ende seines Lebens den Verstand verlor, weil er gesehen hatte, wie ein Pferd geschlagen wurde; oder Wallace Stevens, den großen modernen Dichter des Unglaubens, der sich auf dem Sterbebett zum katholischen Glauben bekehrte. Aber es gibt wiederum viele Anekdoten, die diesen entgegenzusetzen sind: Freuds Mut, mit dem er seine tödliche Krankheit ertrug, Camus' unerschütterlicher, unabhängiger Humanismus angesichts des Chaos und der Verdorbenheit, die er sowohl mit eigenen Augen sah, als auch sich vorstellte („… was man in Plagen lernt, nämlich dass es an den Menschen mehr zu bewundern als zu verachten gibt." – *Die Pest*[1]). Bei Camus findet sich keine Spur von Resignation oder Kapitulation. Die unerschütterliche, eigensinnig humane Art seines metaphysischen Nihilismus enthält sogar etwas, das einen metaphysischen Glauben ausmacht. Wenn es stimmt – und ich glaube, dass es stimmt –, dass in diesem Glauben etwas fehlt, dass er mehr wie der moralische Mut eines Einzelnen erscheint als wie eine Anweisung für das Leben, mehr ein persönlicher Kodex als ein universeller Glaube, stimmt es auch, dass die ganze nachfolgende Christenheit den „Schmelztiegel des Zweifels“ (wie es Dostojewski früher schon nannte) passieren muss, den Denker wie Camus durchgemacht haben.

***

Wäre Gott eine Salbe, die auf unerträgliche psychische Wunden aufgetragen wird, oder eine Traumfigur, die aus Erinnerungen und Todesangst entsteht, oder ein Ausweg vor einem Leben, das entweder zu entsetzlich oder zu banal geworden ist, um es zu ertragen, muss ich zugeben: *Bei mir funktioniert das nicht.* Gerade wenn ich denke, ich hätte endlich eine Balance zwischen aktiver Hingabe und ehrlichem modernem Bewusstsein gefunden, treten meine ganzen alten Ängste auf und drängen an die Oberfläche, und ich fühle mich genauso unbeständig und gelähmt wie zuvor. Ich kann nicht sagen, was schlimmer ist: empfindungslos zu sein und abseits der Welt zu stehen und zu wollen, dass das Sein mich wach brennt, oder dieses Feuer so akut zu fühlen, dass ich mich nach nichts anderem sehne als danach, in die Alltäglichkeit zu fliehen. Was ich aber weiß, ist, dass die Hinwendung zu Gott meine Ängste nicht verringert hat, und ich ertappe mich ständig dabei, dass ich in Wunden, Wünschen, Entsetzen zurückfalle, die ich überwunden zu haben glaubte.

***

Doch es ist Vorsicht geboten. Man sollte sich vergewissern, dass das Bedauern über die eigene Unfähigkeit, in Gott zu ruhen, keinen Hauch von Selbstgefälligkeit oder gar Überheblichkeit in sich trägt, sodass das Klagen über die eigenen Ängste nur die Abhängigkeit von ihnen untermauert. Nichts ist schwerer zu überwinden als Sorgen und Ängste, die uns nützlich geworden sind. Ob sie nun Erklärungen sind für ein Leben, das nie ganz seine wahre Kraft oder Richtung findet, oder der Treibstoff für Ehrgeiz oder eine Art selbstbezogene säkulare Religion, die uns paradoxerweise mit anderen vereint, und zwar in dem gemeinsamen Sinn vollständiger Isolation: Zu Hause fühlt man sich in der Welt nur, weil man sich in der Welt nie zu Hause fühlt.

* * *

Für diese letzte Selbstzufriedenheit sind Künstler unserer Zeit besonders empfänglich, gerade weil sie getarnt als einsame, heldenhafte Stärke daherkommt. Doch manchmal ist sie wirklich eine Stärke, so wie bei Giacometti, Beckett, Camus, Kafka. Doch es ist eine tiefe Wahrheit des Menschseins – und, wie ich ergänzen möchte, ein Hinweis auf den unsterblichen Geist, der uns immer zu sich hinzieht –, dass selbst unsere fantasievollsten Entdeckungen dazu verurteilt sind, bloß Verse und Meinungen zu sein. In diesem Sinne macht die Kunst im Laufe der Zeit Fortschritte, auch wenn diese Fortschritte für gewöhnlich ein Wiederaufleben von Elementen und Ideen einschließen, von denen wir dachten, wir hätten sie endgültig hinter uns gelassen. Das gilt nicht nur für diejenigen, die im Sog der großen Errungenschaften mitschwimmen, sondern auch für diejenigen, die diese selbst zustande brachten. Welcher Glaube könnte selbstvernichtender sein und seine eigene Unzulänglichkeit effektiver artikulieren und dadurch seinen eigenen Untergang vorhersagen als der Existenzialismus des 20. Jahrhunderts? Zu sagen, dass es über diese Welt hinaus, jenseits dieser Welt, die wir sehen, nichts gebe, erhebt den Tod zur letzten

Autorität über unser Leben und bedeutet, einen Samen der Bedeutungslosigkeit in dieses Verständnis zu säen. Den vier oben erwähnten Künstlern war das bewusst und sie machten dieses fatale Wissen zu einem glühenden, neuen und nötigen Glauben: die strenge, „absurde" Hartnäckigkeit des Geistes sowohl bei Camus als auch bei Beckett; die schreckliche, entstellende Eventualität, die in Giacomettis Skulpturen das Gesicht des Schicksals annimmt. Hier findet sich echtes Heldentum, aber auch – zunächst schwach und dann hartnäckiger, schädlicher – ein Bewusstsein für Heldentum. (Nur Kafka scheint sich seiner Niederlage voll bewusst zu sein: Er ist vielleicht der „geistlichste" Künstler in dieser Gruppe, obwohl er sein Elend zu sehr schätzt, als dass er jemals davon befreit werden könnte.) Dieser Makel – der Stolz des Künstlers – hat den Ausschlag gegeben, die Leistung zu ermöglichen, aber er ist auch der Riss, der mit der Zeit langsam breiter wird, der die Leistungen zwar nicht schmälert, aber sie menschlich macht, sie relativiert. Erkenntnisse, die einmal unabänderlich und universell erschienen, fangen an, ein wenig mehr wie zeitgebundene, individuelle Ansichten auszusehen – Ansichten, von denen man unausweichlich irgendwann weiter vorwärtsgehen muss.

***

Der christliche Glaube an sich ist in gewissem Maße zeitgebunden, relativ. In jedem Zeitalter stirbt Jesus in der Vorstellung des Menschen neu und steht neu von den Toten auf. So konnte er für das England des 18. Jahrhunderts ein Paradebeispiel der Vernunft sein, eine heldenhafte Gestalt in der Vorstellung der Romantiker und ein Beispiel existenziellen Mutes für Autoren wie Paul Tillich und Rudolf Bultmann. Dass Jesus immer wieder nach dem Bild des Menschen geschaffen wird, entspricht also der Wahrheit.

Allerdings schließt das ein, dass seine Realität immer wieder entstellt wird, um den menschlichen Bedürfnissen, beziehungsweise dem, was Menschen als ihre Bedürfnisse ansehen, zu entsprechen. Eine tiefere Wahrheit jedoch, die die Bibel nahelegt, wenn sie davon spricht, dass das ewige Wort konkret Fleisch wurde, ist, dass es keine Permutation, keine Anordnung einer bestimmten Reihenfolge, in der Menschheit gibt, in der Jesus nicht präsent wäre. Sollte jede Bibel verloren gehen, jede Gemeinde und Kirche sich in Staub auflösen und der letzte Gläubige im letzten Gebet die Augen aufschlagen und endgültig alles loslassen, so erschiene Christus genauso ruhig und beiläufig auf dieser Erde wie den Jüngern, als sie nach seinem Tod nach Emmaus gingen und diesen Mann nicht erkannten, dem sie ihr Leben versprochen hatten. Sie hatten gesehen, wie dieser Mann geschlagen, gekreuzigt, von Gott verlassen worden war. Dieser Mann, der – nachdem er mit ihnen auf der staubigen Straße gegangen war, nachdem er mit ihnen ein gewöhnliches Essen geteilt und mit ihnen über Gottes Wort gesprochen hatte – erneut verschwinden musste, damit sie sehend werden konnten.

***

Denke ich an die Jahre, in denen ich nicht glaubte, verblüfft mich am meisten, wie wenig dieser Mangel wirklich mein Leben störte. Was den Glauben betraf, lebte ich weder mit Gott noch mit seiner Abwesenheit, sondern in einer leichten Unentschlossenheit. Ich ließ mich auf einer Welle kleiner Belanglosigkeiten durch den Tag treiben – eine Publikation, ein Flirt, ein starkes Argument für irgendeinen schwachen Nihilismus – und die Nächte vergingen langsam und alkoholisiert, während sich mein Verstand den Luxus gönnte, sich mit sich selbst zu beschäftigen. Ich erkenne heute, wie tief sich Gottes Abwesenheit auf mein unbewusstes Leben ausgewirkt hat, wie unter mir immer dieser lange Fall war, vor dem mich Stolz und Angst und Selbstliebe einerseits beschützten und dem sie mich andererseits aussetzten. War es ein Sturz in den Glauben? Oder in den Unglauben? Beides. Denn als mich die Gnade weckte für Gottes Gegenwart in der Welt und in meinem Herzen, weckte sie mich auch für seine Abwesenheit. Ich habe den Schmerz des Unglaubens erst wirklich gefühlt, als ich anfing zu glauben.

***

Als ich dem Glauben zustimmte, der latent in mir da war – ich formuliere das vorsichtig, und zwar ganz bewusst, denn es gab kein strahlendes Licht, keinen himmlischen Dienstboten oder Racheengel, der mein Leben zerriss; vielmehr war es, als wäre der winzigste Same des Glaubens endlich in mir aufgekeimt, oder genauer ausgedrückt, als wäre ich auf eine seltene Blume mitten in der Wüste gestoßen und hätte gewusst, obwohl ich sie in diesem Moment erst entdeckte, dass sie Jahr für vertrocknetes Jahr unvorstellbar in mir geblüht und die ganzen Jahreszeiten meines Unglaubens überlebt hat. *Als ich in den Glauben einwilligte, der latent in mir da war,* verblüffte mich, wie meine Ausflüchte und Verwirrungen, die ich irrtümlich für eine starke Zielstrebigkeit gehalten hatte, in meinem Leben zum Ausdruck gekommen waren: Gedicht für Gedicht über nicht näher benannte und unsagbare Versäumnisse; Beziehungen, die so offensichtlich zum Scheitern verurteilt waren, dass sie praktisch mit einem Verfallsdatum begannen; Stadt für Stadt von Eindrücken geplündert und endgültig verlassen, als wäre ich irgendein Eroberungsheer der Erkenntnis, das nichts so gesehen hat, wie ich jetzt sehe. Vielleicht ist es nie der Unglaube, der letztlich aktiv und bewusst einen Menschen zerstört, sondern der uneingestandene Glaube oder ein Bedürfnis nach Glaube, das so stark ist, dass es immer wieder schweigend auf den Kreuzen der Wissenschaft, des Humanismus, der Kunst oder (um das zu nennen, das all diese Gaben Gottes vergiftet) des eingebildeten Selbst gekreuzigt wird.

***

Heute passieren sie nicht mehr, die Sandstürme meiner Kindheit, als sich der westliche Horizont ocker färbte und der Marktplatz leerte. Lange bevor der Sturm eintraf, konnte man den Staub auf der Zunge fühlen, konnte man fühlen, wie die Erde unter einem – und sogar etwas in einem – sich leicht zu lösen schien. Bald darauf begannen Steppenläufer leichtfüßig vorbeizuspringen, ein kleiner Staubteufel wirbelte feuerlos auf dem leeren Platz gegenüber unserem Haus, und Vögel begannen, mit angelegten Flügeln vorbeizuschießen, so als würden sie durch die Luft geschleudert. Schlimmer als Schnee, schlimmer als Eis ist ein böser Sandsturm, der die Welt zu kleinen Augenschlitzen schrumpfen lässt, wenn sich von den Feldern eine formlose, kreatürliche Masse erhebt, die sich an jede unbedeckte Haut heftet, so als ob der Staub sich erinnere, was es war, das dich ausmacht – lebend, lebendig – und die Rückkehr suchte. Jetzt treten sie nicht mehr auf, diese Sandstürme. Ob nun wegen dem, was wir gelernt haben, oder weil sich die Erde selbst verändert hat. Dennoch kann ich die Augen schließen und sehen, wie an den Wurzeln all der Bäume gezerrt wird, so als wollten sie sich aus der Erde lösen. Und ich kann das längst vergangene Heulen hören, das nun furchtbarer ist, weil es stumm ist.

***

„Herr, ich kann mich dir nur mit Mitteln meines Bewusstseins nähern, aber das Bewusstsein kann sich dir nur als ein Objekt nähern, das du nicht bist. Ich habe keine Hoffnung, dich so zu erleben, wie ich die Welt erlebe – direkt, unmittelbar –, aber nichts will ich mehr. Mein Hunger nach dir ist tatsächlich so groß – oder ist das ein Beweis deines Hungers nach mir? –, dass ich dich zu sehen scheine in der schwarzen Blume, die Trauernde neben einem Grab, das ich nicht kenne, bilden; im Inneren der Glut wie einen strahlenden Bienenstock; im bloßen Überfluss eines Baumes im Winter, an dem jeder Ast vom Schnee beleuchtet und beladen ist. Herr, Herr, wie hell ist der Abgrund im Inneren dieses ‚scheine'."

DIE BLUME DES LEIDS

Adele, eine Frau, die mit ihren fast 60 Jahren feststellt, dass ihr Glaube verschwunden ist, erzählt mir, dass es einst die Liebe war, die sie zu Gott geführt hatte. Vor 35 Jahren schien diese Liebe zu einem Mann, der für die längste Zeit ihres Lebens ihr Ehemann werden sollte, ihre Welt und gleichzeitig ihr Herz einen Spaltbreit zu öffnen. Diese Liebe schien schlummernde, vitale Energie zu einer einzigen Flamme zu verschmelzen, deren Name, wie sie wusste, Gott war. Darauf folgten Karrieren und Kinder. Und Häuser, die bewohnt und wieder aufgegeben wurden. Vielleicht passierte da etwas, das einfach zu gewöhnlich war für diese Liebe, die sie hatte so empfänglich werden lassen. Zeit lässt schließlich jede Erfahrung stumpf werden. Insofern bedeutet zu leben meist, auf das Leben zu warten oder sich daran zu erinnern, nicht wahr? Adele erzählt mir das alles – einschließlich der deprimierend undramatischen Scheidung – an einem Tisch draußen im Freien, in der Weite von West-Texas, dem Land meines Herzens.

***

Wie kann eine Liebe, die im siebten Himmel gegründet zu sein schien, so ganz und gar scheitern, fragt sie sich. Wie kann eine Liebe, die mich zu Gott geführt hat, ausgerechnet zu dem werden, was meinen Glauben erlöschen lässt? Früher schien die Liebe meine Welt von innen heraus zu erhellen und ihr ein heiliges Strahlen zu verleihen, doch irgendwie brannte dieser feurige Schein alles aus, und jetzt irre ich verloren umher in einem Land der Asche. Indem Gott mittels der Liebe zu meinem Glauben wurde, zu dem Glauben, durch den ich lebte und selbst wiederum liebte, woran sollte ich dann jetzt glauben, da meine Liebe tot ist? Oder nein, nicht tot – das wäre leichter. Der tatsächliche Tod schneidet das Leben an der empfindlichsten Stelle deiner Seele ab, doch diese Stelle bleibt und erinnert dich daran, wie das Leben war, sie versichert dir, dass es dieses Leben tatsächlich gab. Man trauert um die Realität seines Verlustes, nicht über den Verlust seiner Realität. Diese erste Form der Trauer ist furchtbar, sie erscheint vielleicht unerträglich, aber wenigstens ist sie produktiver, denn es ist eine Trauer, die zwar das Leben verloren, ihm aber nicht abgeschworen hat. Sie ist eine Trauer, die immer noch bis in die Tiefe die lebendige Realität der Liebe fühlt, weil sie deren Abwesenheit so ganz und gar spürt. Alles, was ich jetzt empfinde, ist, dass das Leben, das ich früher gespürt habe – die Liebe, die mich früher zu Gott hin entflammen ließ –, eine Lüge war.

***

Christus ist Kontingenz, sage ich zu ihr, während wir die Eisenbahnschienen queren und über die staubige Hauptstraße dieser Kleinstadt gehen, die nicht die Stadt ist, in der ich aufgewachsen bin, die aber beruhigend und gleichzeitig irritierend an sie erinnert: der baufällige Widerstand der Gebäude rund um den Marktplatz; fließendes Spanisch unmittelbar neben kantigem Englisch, Sprachen, die sich für einen Moment zu einem einzigen Dialekt vermischen, ehe sie sich wieder teilen; Cowboys mit vom Wetter gegerbten Gesichtern, die entschlossen aus dem

Gemischtwarenladen treten, den Himmel in den Augen und Bierflaschen in den Armen.

Die letzten vier Wochen habe ich in Einsamkeit verbracht, um an kleinen Prosapassagen wie diesen zu arbeiten, die wohl das Einzige sind, zu dem ich momentan imstande bin. Ich habe Tag und Nacht damit verbracht, zu versuchen „herauszufinden", woran ich selbst glaube. Eine Mission, die dringlicher wurde angesichts der Tatsache, dass bei mir vor Kurzem Krebs diagnostiziert wurde, unheilbar und unvorhersehbar im Verlauf. Wie seltsam es ist, zurück an diesem Ort zu sein, wo sichtbare Distanz so sehr ein Teil der Dinge ist, dass diese eine Art Raum erhalten, so als ob selbst die einzelne Strauchzeder vor dem Fenster, hinter dem ich arbeite – in ihren präzisen kleinen Gliedern, ihrem zuversichtlichen, zeitlosen Grün –, die Tatsache ihrer Abwesenheit enthielte.

***

Kontingenz. Nichtvorhersehbares. In anderen Worten: Etwas, das dem Zufall unterliegt und nicht absolut ist. Etwas, das ungewiss ist, wie die Realität ungewiss ist, bis in die Molekularebene hinein. So wie ebenso das ganze menschliche Leben ungewiss ist. Ich vermute, mithilfe dieser Begrifflichkeiten über Gott nachzudenken, könnte manchem als zutiefst beunruhigend (oder gar ketzerisch) erscheinen; ich aber empfinde es als tröstlich. Es ähnelt der Vorstellung, dass Gott menschlichem Leid beiwohnt und es versteht – oder versteht, dass es nicht verstanden werden kann (*Mein Gott, mein Gott, warum hast du mich verlassen?*[2]). Soll das Christentum uns Menschen heute überhaupt etwas bedeuten, dann kann die Menschlichkeit Gottes nichts Halbes sein. Gott kann nicht der sein, der über einem Chaos aus Schmerz und Dingen schwebt, in denen wir wie in einem Sumpf stecken. Und wir sollten ihn uns nicht wie einen strahlenden, sündlosen Superhelden vorstellen, der zwischen unseren Vorfahren dahingleitet. (Die Wunder, ob man sie für wahr hält oder nicht, hoben Jesus von seinen damaligen Zeitgenossen genauso wenig ab, wie sie das jetzt zu tun scheinen. Im ersten Jahrhundert zogen viele Heiler, Propheten und Wanderprediger durch den Nahen Osten. Außerdem steckt in der Erzählform der Wunder bereits eine anwendungsspezifische Qualität, denn oft versuchte Jesus selbst, ihren Effekt kleinzuhalten, weil er wollte, dass die Menschen ihren Glauben an Gewöhnlicherem festmachten. Und tatsächlich sind die Momente reiner – manchmal sogar hilfloser – Menschlichkeit bei Jesus am bewegendsten und beständigsten: *Mein Gott, mein Gott.*) Nein, Gott ist der Materie, der Substanz, übergeben, der endgültigen Unbestimmtheitsrelation[3]. Von dieser Realität gibt es keine Loslösung, kein „Draußen" oder „Darüber hinaus", aus dem eine verändernde Berührung kommen könnte. Aber wie erleichternd kann es da sein, sich mit der Kontingenz, dem Nichtvorhersehbaren, anzufreunden, Gott mitten im Chaos des Zufalls anzutreffen, und immerwährende Liebe wie einen reinen Glücksfall zu empfinden.

***

Glaube an sich ist nichts Starres, Unveränderliches, an das man sich in den Wechselfällen des Lebens klammert. Diejenigen, die versuchen, ihn dazu zu machen, sind dazu bestimmt, spröde, zerbrechliche Wesen zu werden. Glaube wird niemals härter und weicht niemals so stark von seiner Natur ab, dass er eigentlich sogar zerstörerisch wird, als wie in einem Menschen, der sich weigert anzuerkennen, dass Glaube Veränderung bedeutet. Ich meine damit nicht einfach, dass Glaube sich verändert (obwohl es das gibt). Ich meine vielmehr, dass genauso wie jeder Sinn für das Göttliche, den wir haben und der aus einer natürlichen Ordnung der Dinge hervorgeht – letztlich sogar *in* der natürlichen Ordnung der Dinge steckt –, auch der Glaube in Veränderung eingebettet ist. Er ist ein wandelbarer und chaotischer Prozess unseres Lebens und kein starres gedankliches Produkt. Wer sich aber an Letzteres klammert, hat am Ende unweigerlich nichts, an das er sich halten kann, beziehungsweise hält er sich an ein Nichts, in das er zeit seines Lebens sein Bestes investiert hat. Allmächtig, ewig, allwissend – was in aller Welt bedeuten diese Begriffe wirklich? Können wir uns solche Eigenschaften wirklich vorstellen, geschweige denn sie überhaupt für uns erfassen? Ich denke nicht. Christus ist der einzige Weg zur Erkenntnis Gottes und Christus ist kontingent.

***

Der *einzige* Weg? In meine Worte – genauso wie in die Dinge um mich herum – dringt Stille, die diese besiegt: Wenn Kontingenz der völligen Ungewissheit und dem Zufall gleicht, hat es natürlich keinen Sinn, sie *als* etwas Absolutes zu verfechten. Besser ist es daher zu sagen, dass Kontingenz der einzige Weg zur Erkenntnis Gottes ist, und Kontingenz ist für Christen im Wesentlichen die Menschwerdung. Sie, genauso wie die darin liegenden Möglichkeiten für Erlösung, geht der Gegenwart Jesu in der Geschichte voraus und übertrifft all das, was unter dem Begriff „Christentum" bekannt ist:

In die Seligkeit des Augenblicks gelangte nie eine Seele,
deren Seele nicht Christus gehörte;
nicht mal in die Äonen, in denen Christus nicht war.

Und trotzdem: Einige, die den Namen Christus anrufen,
leben ferner von der Liebe
als manche, die in die Leere rufen, für die sie keinen Namen wissen.
– nach Dante –

* * *

Ich möchte auf keinen Fall den Anschein erwecken, als würde ich Adele für ihr Leid beschuldigen wollen oder als weigerte ich mich, dessen Schwere anzuerkennen. (*Christus ist Kontingenz?* Wie konnte ich ihr in diesem Moment nur so etwas Lächerliches und so Mysteriöses sagen? Es ist wahr, doch ließen es Zeitpunkt und Kontext nach menschlichem Ermessen als falsch erscheinen.) Doch es gibt etwas, das die Wahrheit einer Liebe letzten Endes beweist. Nämlich das, wozu sie in uns wird und wie wir aufgrund der Liebe verändert werden. Liebe geschieht wie der Glaube im Innersten des Geistes eines Menschen. Wir können in dieser Hinsicht nur nach innen schauen, erkennen sie aber nicht sehr deutlich, wenn es darauf ankommt. Und das führt zu Wachstum und Zunahme in etwas von uns, das von außen wie reine Agonie oder Zerstörung aussieht. Nichts ist angesichts empfindlichster Punkte einer menschlichen Erfahrung beleidigender, als jemandem intellektuell etwas verständlich machen zu wollen. „Schmerz kommt aus der Finsternis und wir nennen es Weisheit", schreibt Randall Jarrell. „Es ist Schmerz."

* * *

Leid ist so in uns verwoben – so sehr Teil unserer Seelen oder wenigstens Teil eines Verständnisses, das wir über unsere Seelen erlangen können –, dass jede Erfahrung von ihm gefärbt ist. Das ist der Grund, warum sogar in Momenten des Glücks ein Teil der Freude mit Fasern aus Erz durchzogen ist, welche aus Leid bestehen. Sie brennen dunkel und schön zugleich inmitten der Freude, und sie machen die Freude erst zu der vollständigen Erfahrung, die sie ist. Aber sie brennen.

***

Warum dieses Leid? Warum seine Beharrlichkeit, sein Einmischen in alles, was meine Seele ist? Meine Kindheit war schwierig, und an das meiste kann ich mich nicht mehr erinnern, aber ich wusste mich zutiefst geliebt. Und ich selbst bin heute zu tiefer Liebe gegenüber meinen Mitmenschen fähig, genauso wie zu Hingabe an meine Arbeit. Ich liebe das Leben, das mir in diesem immer größer werdenden Schatten des Todes gewährt wird. Und es ist nicht die Aussicht auf meinen eigenen Tod, die den Schmerz aushält, denn diese ist meiner Krankheit bereits viele Jahre vorausgegangen, genau genommen durch all die Jahre meines Bewusstseins. Und *das* ist bestimmt der Grund dafür, dass dieses Bewusstsein – so wie ich es als Heranwachsender verstanden und entwickelt habe – einen Rahmen schafft, der losgelöst ist von der Realität, wenn die Realität die einzige Möglichkeit Gottes ist.

***

Für viele Menschen ist Gott einfach eine Mullbinde, die auf die Wunde der Unkenntnis aufgelegt wird, während in Wirklichkeit diese Wunde in jeden Teil der Welt geblutet hat und jetzt auf eine Art und Weise blutet, die Leben bedeutet, wenn wir es anerkennen, und Tod, wenn wir es nicht tun. Christus ist Kontingenz. Das Leben von Christus geschieht *jetzt, in diesem Moment.*

Ich höre jemanden im Fernsehen sagen, man müsse nur an die Millionen unschuldiger Kinder denken, die im Holocaust getötet wurden, um jeden Gedanken an einen gütigen Gott auszulöschen. Stimmt, denke ich, aber das entspräche einem unbedeutenden Gott und nicht dem echten Gott, der jeden einzelnen dieser Tode wie seinen eigenen fühlte.

Fühlte? Ich höre im Radio von Wissenschaftlern, die den natürlichen radioaktiven Zerfall nach großen Katastrophen wie den Terroranschlägen am 11. September 2001 oder dem Tsunami 2004 vor Indonesien messen. Sie beobachten, dass der Kernzerfall, der zwar keine Konstante, aber doch etwas Ähnliches ist, nach solchen Ereignissen unerklärlich zunimmt. Als würde kontingente Substanz in unserem Leiden (und unseren Freuden?) widerhallen, dies überschatten oder sogar teilen. Als würde die Schöpfung selbst mit uns weinen.

***

Christus wird lebendig in der Gemeinschaft von Menschen. Sind wir allein, ist selbst Freude in gewisser Weise eine Blume des Leids: hübsch, notwendig, robust, doch blüht sie in Einsamkeit und wurzelt in Trauer. Ich bin nicht sicher, ob man ohne diese Momente, in denen sich Leid in einem zeigt und offenbart, mit anderen Menschen Gemeinschaft haben kann. Doch ich bin ziemlich sicher, dass ohne eine gemeinschaftlich mitgeteilte Hingabe die einzeln gemachten Gotteserfahrungen zu einer Form des Vorenthaltens, geistlicher Knauserigkeit, verkümmern, die das Licht Christi in der Dunkelheit des eigenen Selbst noch schwächer werden lässt.

***

Das bedeutet, dass man, selbst wenn man hinsichtlich Kontakten scheu ist und sich im Allgemeinen in Bezug auf geistliche Dinge nicht artikuliert – und ich sage das als jemand, dem ungezwungene Kontakte oft ziemlich schwerfallen und der seine eigenen Empfindungen hinsichtlich des Glaubens als störrisch stumm erlebt –, den Verpflichtungen nicht ausweichen darf, vor die Gott einen stellt. Diese ergeben sich an den unwahrscheinlichsten Orten und bei Menschen, denen gegenüber Aversion der erste Instinkt sein kann. Dietrich Bonhoeffer sagte, dass der Christus im Herzen unseres Bruders immer stärker ist als der Christus in unserem eigenen Herzen. Das heißt erstens, dass wir bei unserem Glauben auf andere angewiesen sind, und zweitens, dass Jesu Liebe nicht etwas ist, das man je horten könnte. Menschliche Liebe katalysiert die Liebe Christi. Das erklärt, warum diese Liebe gleichzeitig so kraftvoll und so flüchtig erscheint und warum „wir sie kaum in einem schnellen Schauer des Herzens berühren", wie Augustinus sagt, „obwohl wir von ihr sprechen und uns nach ihr sehnen".

***

Auf Einsamkeit zu beharren, kann teuflisch sein, wenn dies andere Menschen, Liebe in jeglicher verklärten Form und letztlich Gott ausschließt. Daraus folgt allerdings nicht, dass Einsamkeit „endet", nachdem man befreit ist von seiner eigenen Sucht nach oder der Bestrafung durch Einsamkeit. Vielmehr kann sie – selbst im Nachempfinden einer Liebe, selbst wenn uns eine Liebe genommen wurde – zu einem Zustand werden, in dem Gott sein kann. Einsamkeit, sobald sie von Liebe durchdrungen ist, nimmt Überschwänglichkeit und aktive Fähigkeit an. „Der Körper wird ein leichter Kanal für das Unsichtbare", schreibt Fanny Howe. „Man kann vielleicht einsam sein, aber man ist niemals leer."

(Ich bete sehr darum, dass meine Frau diesen Zustand erfährt, dass sie vielleicht, nachdem ich gestorben bin, diese heilige Durchlässigkeit erfährt, dieses Dasein, das das Zerstörerische der Abwesenheit sowohl stillt wie auch erfüllt, diese Gabe über die Trauer hinaus.)

***

Gestern Abend haben wir uns gefragt, ob Menschen, die Gottes Liebe nicht in sich haben – oder die sie haben, sie aber nicht erkennen, oder die sie ablehnen –, ob solche Menschen vollständig menschliche Liebe empfinden können. Ich habe Hans Urs von Balthasar gelesen, der annimmt, dass dies der Fall ist: Gott versperrt dem Menschen den Weg, er geht ihm nach und er verfolgt ihn mit „einer Liebe, die ihm nachläuft, die ihn aus der Grube zieht, die Ketten abwirft und ihn in die Freiheit göttlicher und jetzt sogar menschlicher Liebe bringt". *Und jetzt sogar menschlicher Liebe.* Für Balthasar kann der Mensch, dem Gott nachgeht, einen anderen Menschen geliebt haben, aber niemals so vollständig, nicht mit der Freiheit äußerster Liebe, die das Ego sucht und einen bis zum Funken des Göttlichen in einem anderen Menschen drängt. Diese Funken müssen sich vereinen. Das ist das einzige Feuer, das weder Zeit noch Wandel löschen können.

Meine Reaktion darauf ist schwierig. Als meine Frau und ich uns vor acht Jahren ineinander verliebten, fingen wir beide spontan an, obwohl wir seit Jahren ohne irgendeine Form institutioneller Religion lebten, gemeinsam zu beten. Unsere Gebete waren förmlich und improvisiert, unverkennbar beherzt, aber auch zurückhaltend, in sich vollständig, aber mit offenem Ende. Auch waren sie, angesichts all ihrer Launen (wir haben oft gelacht), zutiefst ernst gemeint und, wie mir meine Krankheit klarmachte, als diese durch unser beider Leben peitschte, tragend. Unsere Leidenschaft zueinander hatte auf einmal einen religiösen Bestandteil, der das Bevorstehende klarer machte und intensivierte. Ich glaube nicht, dass die menschliche Liebe der Liebe zu Gott unbedingt vorausging; genau genommen, wie ich es schon gesagt habe, habe ich niemals eine Bekehrung so intensiv erlebt wie das Zustimmen zu einem Glauben, der bereits lange latent in mir war. Doch es war die menschliche Liebe, die die göttliche neu weckte. Anders ausgedrückt: Es war reine Kontingenz, die in unser beider Leben Feuer fing, und darüber fanden wir beide zu Christus – gemeinsam, seine Gegenwart war abhängig von unserem Zusammensein. Ich kann nicht für andere sprechen. Ich weiß nur, ich wusste nicht, was Liebe ist, bis ich jemandem begegnete, der sich immer wieder öffnete und öffnete und öffnete. Und bis ich erkannte, dass sich diese Liebe für und in etwas öffnete, das Gott war.

***

Doch schaut, meine Töchter – für das, wovon wir reden, verlangt er, dass ihr nichts für euch zurückbehaltet. Sei es nun viel oder wenig – er will alles für sich. Und je nach dem Maße dessen, was ihr selber gegeben habt, werden euch größere oder kleinere Gnaden zuteilwerden.

– Teresa von Avila –

Dieser Text beinhaltet vieles, was sich deutlich bezieht und beschränkt auf eine frühere Zeit und deren Bewusstsein: die unkomplizierte Personifizierung Gottes („verlangt er"), die Darstellung Gottes als eine Art stets begehrende und eifersüchtige Vaterfigur und (am allerschlimmsten) die Annahme, es gebe einen direkten Zusammenhang zwischen der Qualität unserer Gebete bzw. Opfer und der Qualität von Gottes Antwort darauf: Was du bekommst, entspricht dem, was du gibst. Doch der Text enthält auch eine tiefe Wahrheit, die über all das hinausgeht. In jeder wahren Liebe – wie die der Mutter zu ihrem Kind, des Mannes zu seiner Frau, einer Freundin zu ihrer Freundin – gibt es einen Energieüberschuss, der stets in Bewegung sein will. Außerdem scheint dieser sich nicht nur von einer Person zur anderen, sondern auch durch sie hindurch zu etwas anderem hin zu bewegen („Alles, was ich jetzt weiß, ist, je mehr er mich liebte, umso mehr liebte ich die Welt." – Spencer Reece). Deswegen können wir von einer Liebe so verblüfft und überwältigt sein (und ich meine damit nicht nur, wenn wir uns verlieben; genau genommen spreche ich von anderen, dauerhaften Beziehungen): Sie will mehr sein, als sie ist; sie schreit in unserem Inneren geradezu, dass wir sie zu mehr machen sollen, als sie ist. Letztlich schreit sie nach ihrem Kern und ihrem Ursprung: Gott. Sie ist eine Liebe, die unsere Seelen weckt und an die wir uns als die sterblichen Geschöpfe, die wir nun mal sind, klammern; diese Liebe fordert uns geradezu auf, sie loszulassen, sie mehr sein zu lassen, als sie ist, wenn es *nur* um uns gehen sollte. Derart zu lieben, in dieser höchsten Form, bedeutet nicht, von irdischem Glück überschüttet oder irgendwie vor furchtbarem Leiden verschont zu werden. Aber solange wir in diesem heiligen Raum des Empfangens und Loslassens leben wie lernen können, die Sprache der Liebe fließend zu sprechen und zu sein, bringt die größere Liebe, die Gott ist, eine kontinuierliche und immer größere Weite in unser Sein. Wir spüren dann, wie Liebe auf nicht drohende Art von uns ausgeht und wie sie gleichzeitig wahrer und fremder in unser Inneres zurückkehrt, so wie ein einfacher Kuss, der von einem Sternenfunkeln begleitet ist.

* * *

Gleichzeitig wahrer und fremder. – Ich habe diese Formulierung benutzt, ohne mich zuvor an ihre Quelle zu erinnern, die schon eine recht merkwürdige ist. Die Formulierung stammt aus Wallace Stevens' „Tea at the Palace of Hoon"[4]:

Ich bin nicht weniger, weil ich im Purpur herabstieg,
den westlichen Tag durch, wie du sagst,
die einsamste Luft, nicht weniger war ich ich selbst.

Was war die Salbung, geträufelt auf meinen Bart?
Was waren die Lieder, die an meinen Ohren summten?
Was war das Meer, dessen Wellen mich dort durchfegten?

Aus meinem Verstand regnete die goldene Salbung,
und meine Ohren erzeugten die wehenden Lieder, die sie hörten.
Ich war selbst der Kompass dieses Meeres:

Ich war die Welt, in der ich wandelte, und was ich sah
oder hörte oder fühlte, kam alles nur aus mir;
und dort fand ich mich selbst, viel klarer und mir fremd.

Schönes Gedicht, verhängnisvoller Glaube. Dass man selbst der Ursprung von allem ist, dass das Selbst sich selbst genug ist, sein eigener Gott.

Aber wie so oft kann man nicht genau sagen, ob Stevens wirklich glaubt, was die Komposition ihn sagen lässt: Das „du" in der zweiten Zeile und ihre (machen wir eine „sie" daraus) Beschreibung seiner königlichen Arroganz als einsam, geben dem Gedicht ein anderes Denken und andere Bedürfnisse. Die Komposition bewegt sich über sie hinweg, aber sie sind da. Wie der Titel, hübsch, aber leicht lächerlich, ist das „du" eine Störung in einem sonst perfekten und vollkommen in sich geschlossenen Gedicht. Und das Gedicht ist dadurch besser und wahrer.

* * *

Wie viele Lieben scheitern, weil – angesichts dessen, dass wir uns unbewusst mühen, unsere Schwächen stärker zu machen – wir uns mit anderen genau an diesen Punkten zusammentun? Wie viele Frauen, die keine Mütter sind, verbringen Jahre damit, einen rätselhaft verwundeten Mann zu bemuttern? Wie viele offenbar starke und erfolgreiche Männer suchen Liebe wie eine Art lokal anzuwendende Salbe, um sie auf ihren verwundeten Körper und ihr ebenso verwundetes Ego aufzutragen, nachdem sie sich aus der Schlacht zurückgezogen haben? Darin liegt der große Unterschied zwischen göttlicher und menschlicher Schwäche, den Wunden Christi und denen des Menschen. Zwei menschliche Schwächen, die aufeinandertreffen, verstärken einander nur gegenseitig. Aber aus menschlicher Schwäche und Christi Schwäche ergibt sich übernatürliche Stärke.

* * *

Nicht lange nachdem ich erfuhr, dass ich krank bin, inmitten der trüben Zeit, die aus Fahrten, unzähligen Arztbesuchen und endlosen Untersuchungen bestand, als es so aussah, als stünde ich in Gefahr, sehr bald zu sterben, begann ich, mich jeden Freitagnachmittag mit dem Pastor der Gemeinde gleich um die Ecke unseres Hauses, in dem meine Frau und ich wohnten, zu treffen. Ich vermute, dass er sich, wie jeder, dessen Glaube gesund ist, nach Momenten sehnte, in denen dieser Glaube geprüft werden kann. So diskutierten wir jeden Freitag eine Stunde lang miteinander, obwohl dieses Verb völlig falsch ist für unsere komplexen, respektvollen wie auch schwierigen Gespräche. Nichts wurde je festgezurrt. Im Gegenteil. Mein Freund – ich nenne ihn so, denn wir wurden enge Freunde – erschien mir manchmal starrsinnig orthodox, genauso wie ich ihm, wie ich heute weiß, entweder störrisch buchstabengetreu erschien, wenn ich mich auf die Bibel fokussierte, oder aber benebelt mystisch, wenn ich dies nicht tat. Und doch gehören diese Stunden und die Zeit danach, in der ich sonderbarerweise gar nicht so sehr über alles, worüber wir gesprochen hatten, nachdachte, sondern mich eher von solchen Gedanken *befreit* fühlte, zu den glücklichsten Stunden meines Lebens. Trauer wurde weder aufgeschoben noch verbannt, sondern angeschaut und beantwortet. Doch nicht durch die Theologie, geschweige denn meine eigenen Versuche, fantasievoll die Theologie zu umgehen, sondern vielmehr durch die Tiefe, Ehrlichkeit und absolute Unschuld der Gemeinschaft zweier Menschen.

***

William James sagte, unser inneres Leben sei fließend, ruhelos und immer in Veränderung und unsere Erfahrung „geschehe unter diesen Veränderungen". Das erscheint mir wahr. Deshalb ist jeder einzelne Ausdruck des Glaubens nur vorläufig – weil das Leben uns immer weiterführt, und zwar an eine nächste Stelle, wo der Glaube, den auszudrücken wir so schwer errungen haben, neu formuliert werden muss –, weil der Glaube an Gott letztendlich ein Glaube an Veränderung ist.

Trotzdem kann man diesen Gedanken leicht als abgestumpft auffassen und ebenso anwenden, ihn leicht zu der Art von unmenschlicher Wahrheit machen, die unseren Alltag wie das Leben an sich auffrisst. Denn es ist nur ein kleiner Schritt von der Aussage, unsere Erfahrung „geschehe unter diesen Veränderungen“, hin zu der Aussage, dass man diese Veränderungen bewusst suchen und sogar provozieren sollte: Wenn ich Gott am nächsten bin, wenn ich mich am stärksten in einer Krise befinde, dann möge doch bitte der Wirbelsturm kommen. Und wenn ich mich am lebendigsten fühle, wenn eine Liebe beginnt oder endet, dann sollte diese Ehe sterben, diese Affäre auflodern, sollte ich mich einfach gehen lassen. So taumeln viele Gläubige von einem Glaubensextrem ins andere und viele Männer wie Frauen mit ihrem erloschenen Leuchten in den Augen in eine Beziehung.

Der Schlüssel in James' Gedanken steckt in diesem „immer“. Wenn unser inneres Leben immer in Veränderung ist, dann sollte es unser Ziel sein, ein Bewusstsein zu erwerben wie zu bilden, das fähig ist, selbst die kleinsten Veränderungen in unserem Empfinden, Gefühl, Glauben, Selbst wahrzunehmen. Denn solange wir uns der Veränderungen, die die ganze Zeit in uns stattfinden, nicht bewusst werden, solange wir nicht lernen zuzulassen, dass die Erfahrung wie auf einem gut gestimmten Instrument in unserem Innern spielt, werden wir versuchen, von außen eine innere Intensität aus eigener Hand herzustellen, und wir werden alles daransetzen, unsere eigenen Seelen aufzuscheuchen. Wir sehnen uns nach radikalen Brüchen, wenn wir zugelassen haben, dass die Nerven unseres Innenlebens taub werden. Doch nach diesen Brüchen – der Aufregung oder der Tragödie, dem Vergnügen oder dem Schmerz – kehrt der Verstand zu dem zurück, was er war, die Seele spiegelt sich in der durchdringenden Erfahrung und für das Reich der Langeweile, das das Reich Gottes sein könnte, beginnt das Ticken des Uhrzeigers hin zum nächsten Zusammenbruch.

* * *

Es gilt vorsichtig zu sein bei dem, was man sich wünscht, und bereit zu sein für das, wonach man sich sehnt:

Wenn ich dich bitte, Engel, wirst du kommen und diesen Schmerz
in eine Sprache führen oder mich wie ein Kind
zum Aufstand tragen?

– Edgar Bowers, aus „Autumn Shade" –

* * *

Eine Freundin hat einmal gesagt, sie könne als Christin aufwachen und als Atheistin zu Bett gehen. Jeder Tag stelle dieses schwindelerregende innere Hin und Her mit Gott dar. Ich fand das sowohl ermutigend als auch deprimierend: ermutigend, denn wenn sie diese geistlichen Schwindelgefühle erlebt – sie, deren Leben mir so von Christus erleuchtet zu sein scheint –, dann brauche ich mich wegen meines eigenen Durcheinanders gewiss nicht zu schämen. Und deprimierend, denn wenn *sie* das erlebt, dann gibt es davor kein Entrinnen. Wenn ich ehrlich zu mir selbst bin, spüre ich hauptsächlich die Distanz und diesen unaufhörlichen, verzweifelten und (wie ich glauben muss) heiligen Hunger, sie zu überbrücken. Erfahrung lebt in den Veränderungen. Wir fühlen uns lebendig in der Sorge darum, lebendig zu sein. Wir spüren Gott im Kommen und Gehen Gottes – oder nein, im Kommen und Gehen des Bewusstseins darüber (schließlich ist Gott konstant). Und wir bleiben zurück mit diesen flüchtigen Momenten der Befürchtung wie des Ergreifens. Was ein Grund dafür ist, weshalb die Dichtung – die dazu bestimmt ist, diese Momente nicht nur gefangen zu nehmen, sondern sie ins Leben zu integrieren – eine so kraftvolle Hilfe für den Glauben sein kann.

* * *

Meditation über eine Grapefruit

Aufwachen wenn alles noch möglich erscheint
bevor die Tätigkeiten des Tages
dich packen
In die Küche kommen
und einen kleinen Korbball
fürs Frühstück schälen
Die Schale abreißen
ein Baumwollpolster spüren eine ölige Wolke
steigt nebelgleich empor aus winzigen Poren
frisch und scharf wie Pfeffer
Lösen
jedes blassrosa Stück
aus seiner Fassung
so vorsichtig ohne eine einzige
perlartige Zelle zu zerbrechen
Gleiten lassen
jedes kleine Stück in eine kalte blaue Porzellanschüssel
in der sich der Saft sammelt bis die ganze
Frucht von ihrer Haut getrennt ist
und erst dann sie zu essen
so süß
eine Disziplin
genau genommen eine andächtige
Beteiligung der Hände und Sinne
eine Pause eine kleine Leere

Jedes Jahr schwerer darin zu leben
jedes Jahr schwerer ohne zu leben[5]

– Craig Arnold –

Liebe stirbt nicht ohne unsere Zustimmung, auch wenn oft (für gewöhnlich) diese Zustimmung unbewusst gegeben wurde, lange bevor wir sie bewusst geben. Liebe wird nicht nur von Gott gegeben, sie wird auch von ihm erhalten. Es gibt ein ständiges Wechselspiel zwischen göttlicher und menschlicher Liebe. Menschliche Liebe hat ein Ende, das Gott ist, der selbst wiederum sie endlos macht.

***

Was man begreifen, sogar zu loben lernen muss, ist, dass es keinen *richtigen Weg* gibt, der einem ein für alle Mal offenbar wird. Selbst die hellste Erleuchtung, die das Leben eines Menschen heimsucht und es vielleicht radikal verändert, wird durch Zweifel und Alltäglichkeiten so abgeschwächt und verdunkelt, dass man eines Tages die Wahrheit jenes Moments anzweifelt. Der Ruf, der so klar erschien, verliert sich im Widerhall von Fragen und Unentschlossenheit; die Kirche, die einen zu erlösen schien, wird durch Egos, Selbstgefälligkeiten, Banalitäten eitern; die tiefste Liebe des Lebens wird sich wie ein Dorn ins Herz arbeiten, bis man nichts anderes mehr denken kann, als ihn herauszuziehen. Weisheit bedeutet, diese Wahrheit zu akzeptieren. Mut bedeutet, trotz des Lebens am Leben festzuhalten. Und Glaube bedeutet herauszufinden, dass man selbst, im tiefsten Teil seiner Seele, genau im Herzen dessen, der man ist, dazu bewegt wird, es zu preisen.

***

Mehrere Jahre sind vergangen, seit ich die ersten Worte dieses Kapitels geschrieben habe. Ich war immer wieder in Behandlung, immer wieder im Krankenhaus. Knochen sind abgestorben, innere

Organe haben versagt; Gelenke haben sich in meinem Gesicht, meinen Armen und Beinen gesperrt, dass ich weder essen noch gehen konnte. Mein Körper wurde mit Mäuse- und Menschenantikörpern gefüllt, winzig kleine Moleküle, und Chemotherapien der alten Schule haben sich wie lebendige Säuren in mich hineingefressen. Ich habe Schmerzen durchlebt, die ich mir nie hätte ausmalen können. Schmerzen, die meine ganzen Gedanken an Gott einzuäschern schienen und mich allein in der Asche sitzen ließen. Ich war sogar von meiner Frau isoliert, obwohl ihre Liebe immer da war, genauso wie die meine zu ihr. Doch ich bin vorerst zurückgekommen, noch hungriger nach Gott, nach *Christus,* aufgrund all der schweren Glückseligkeit dieses Lebens, das mir gegeben wurde. Doch da ist auch eine große Müdigkeit. Und Angst. Und Wut.

Ich hatte seit dem Morgen, an dem ich Texas verließ, als Adele anrief und ich gerade zur Tür hinauswollte, keinen Kontakt mehr zu ihr. Es hatte einen Moment des Schweigens gegeben, bevor wir beide stolpernd versuchten zu erklären, wie viel jedem von uns unsere gemeinsame zaghafte und halb aufrichtige Zeit bedeutet hatte, jener Funken des Geistes, der (auch wenn wir das nicht so ausdrückten) dort gebrannt hatte. Wir schrieben uns anschließend keine E-Mails. Wir versprachen uns nicht einmal, in Kontakt zu bleiben. Es war ein Moment, und wir beide wussten um ihn als solchen, bevor wir ihn in unser gegenwärtig fließendes und ruheloses Innenleben sinken und dort wirken ließen.

* * *

Meine Blume des Leids war solch eine kleine Freude,
ein ganzer Winter war nötig, um sie zu erkennen.
Taub, unruhig, staunend über die vielen Zeichen,
dass der Winter nur einen Auftrag hat: Zerstörung,

hob ich den Blick und sah den kahlen Reichtum
eines Baumes. Jeder Zweig strahlte und glitzerte von Schnee.
Ich wusste nicht genau, was ich damals sah,
aber ich wusste: Mehr wäre zu viel gewesen.

ZARTES INNERES

Mit Anfang zwanzig war ich gezwungen, in einem sieben Meter langen Wohnwagen in einer kleinen sterbenden Stadt in der hintersten Gegend von West-Texas zu leben. Diese Erfahrung besaß eine gewisse dissonante Symmetrie, da ich als Kind gemeinsam mit meinem älteren Bruder und unseren fast noch minderjährigen Eltern bereits in diesem Wohnwagen gelebt hatte. Als ich nun zum zweiten Mal darin wohnte, stand dieser Wohnwagen im Garten des Hauses meiner Großmutter, in dem meine Urgroßmutter dreißig Jahre bis zu ihrem Tod 1990 gelebt hatte. Die Schwester meiner Großmutter – für mich Tante Sissy – eine freundliche, backenbärtige Frau mit gesundheitlichen Problemen und einer erkennbaren, aber nie diagnostizierten geistigen Behinderung, wohnte auch im sogenannten „großen Haus", das ein kleines Haus war mit sechs dunklen Zimmern und das eine Million makelloser Nischen und Ecken sowie Museumsruhe besaß. Ich las und schrieb den ganzen Tag, und des Abends saß ich bei meiner Großmutter und Tante, um mir die Zeit zu vertreiben.

Oder um die Zeit wiederzuentdecken. Denn nach dem College und dem Ausprobieren verschiedener Länder, nach dem Abfall von meinem Kinderglauben und der Übertragung dieser ganzen suchenden Intensität auf die Literatur erschien es mir, als ob ich zwar wieder zu Hause war, es aber nie wieder als *Zuhause* erleben könnte. Im Grunde ist das eine alte Geschichte, so wie die des verlorenen Sohnes, der die verlorene Welt und Weisheit jenseits seines eigenen Ehrgeizes und seiner Selbstsicherheit entdeckt. Aus Höflichkeit und Langeweile begann ich, Fragen über die Herkunft meiner Familie zu stellen. Schließlich hörte ich auf, meine Tage, meine Gedanken und meine Arbeit um eine Welt herum aufzubauen, die aus Gesprächen wie diesen hervorging: der legendäre Umzug von South Carolina nach Texas ins Staubbecken; die Jahre als Pächter einer Farm; die vielen Fehlgeburten meiner Großmutter; die dreißig Jahre, die meine Tante als Kellnerin in einem Cowboycafé direkt an der Bundesstraße gearbeitet hatte. Gott war ihnen fast angeboren, so verwebt war er in den Stoff ihres Lebens, dass selbst ihre täglichen Arbeiten, die begleitet wurden von leise gesummten Kirchenliedern, eine Art ganz selbstverständliche Anbetung waren. Damals habe ich auf diese Art eines nicht-gequälten Glaubens herabgesehen, aber jetzt, nachdem ich so viele Jahre mit meinen eigenen schwindlig machenden Intensitäten verbracht habe, ist diese stille Konstanz eine Haltung, die ich anstrebe.

Das heißt nicht, dass es am Ende keine Qualen für sie gegeben hätte. Als Sissy starb, beugten meine Großmutter und ich uns über ihr Krankenbett, so wie wir es viele Tage und Nächte getan hatten, seitdem sie einen Herzinfarkt erlitten hatte. Sie war in dieser Zeit nicht bei Bewusstsein, aber kurz vor dem Ende, als meine Großmutter und ich über ihren regungs- wie reaktionslosen Körper gebeugt waren, um ihr zu versichern, dass wir da waren, dass wir sie liebten und dass Gott da war und sie liebte (ich sagte das nicht), richtete sie sich auf, nahm jeden von uns in ihre zitternden Arme („Preist den Herrn", sagte die Krankenschwester ehrfürchtig) und ließ uns dann, ohne ein Wort oder auch nur ein klares Anzeichen dafür, dass sie bei Bewusstsein war, los. Noch am selben Tag starb sie.

Meine Großmutter war am Boden zerstört. Nicht wegen der Trauer – sie hatte in ihrem Leben zu viel erlebt, als dass sie sich jetzt davon unterkriegen ließ –, sondern aufgrund der Anstrengung, mit der sie Sissy im letzten Jahr ihres Lebens gepflegt hatte, und der zurückliegenden zehn intensiven Tage, in denen Sissy im Krankenhaus gelegen hatte. Das Herz meiner Großmutter begann auf einmal ominös zu schmerzen, als Sissys Herz aufhörte zu schlagen, und obwohl nun meine Großmutter selbst über einen Monat moderne Medizin ertragen musste, vermochte sie das Krankenhaus nicht mehr zu verlassen. Und so kam es, dass ich mich nur wenige Wochen nach Sissys letzter unwahrscheinlichen Tat über ein anderes Krankenbett beugte und versuchte, die verzweifelten Gesten einer anderen sterbenden Frau zu verstehen. Ich fragte meine Großmutter, ob ihr kalt sei, und sie schüttelte den Kopf. Ich fragte, ob sie Durst habe, und sie schüttelte den Kopf. Schließlich fragte ich – obwohl ich das nicht wollte –, ob sie Angst habe, und ihre Augen weiteten sich, und sie begann, furchtbar zu zittern, während sie nickte und versuchte, Worte an ihrem Beatmungsschlauch vorbei zu formulieren: ja, ja, ja. Ich vermag nicht zu sagen, ob sie Angst vor dem Sterben oder vor weiteren Schmerzen hatte – sie hatte bereits so viel durchgemacht –, aber alles in mir spricht für Ersteres. Ich nahm in ihren Augen ein reines, geistliches Entsetzen wahr. Etwas, das ich auch jetzt wahrnehme.

Die letzten Worte von Gerard Manley Hopkins, einem Dichter und Priester, der mit 45 Jahren an Typhus starb, sind bezeichnend: „Ich bin so glücklich. Ich bin so glücklich. Ich habe mein Leben geliebt.“ Wie verzweifelt schenken wir als Lebende dieser Möglichkeit Glauben: dass der Tod voll Verheißung sein könnte – dass der Schmerz des Abschieds und der Trennung, wenn nicht ein Vorgeschmack auf die Freude, zumindest nicht sinnlos sein könnte. Lassen wir die Religion einmal außen vor. Selbst Atheisten wollen gut sterben oder zumindest für die Verbliebenen, die sie lieben, einen guten Tod, was letztlich mehr bedeutet als einfach nur eine leise

Resignation vor dem vollkommenen Nichts. Das ist dann bloß ein höflicher Nihilismus. Nein, gut zu sterben heißt – auch für die Religiösen –, nicht nur unsere eigene Angst und Traurigkeit zu akzeptieren, sondern auch die schrecklichen Löcher, die wir im Leben anderer zurücklassen. Gleichzeitig heißt gut zu sterben – selbst für den Atheisten –, zu glauben, dass es da irgendeine Art gibt, *in* das Leben hineinzusterben, statt einfach aus ihm heraus. Eine Art von Überleben, das die Liebe möglich macht. Ich meine mit Überleben, nicht nur im Gedächtnis von anderen zu bleiben. Ich meine etwas Tieferes und Dauerhafteres. Wenn es Quantenverschränkung wirklich gibt, wenn verwandte Partikel ähnlich oder entgegengesetzt reagieren, selbst wenn sie durch große Entfernungen getrennt sind, dann liegt es auf der Hand, dass die ganze Welt lebendig ist und auf eine Weise kommuniziert, die wir nicht vollständig verstehen. Und wir sind Teil dieses Lebens, Teil dieser Kommunikation – selbst wenn, vielleicht sogar *besonders* wenn, unsere Atome die lange Dispersion beginnen, die wir Tod nennen.

Hopkins' letzte Worte halte ich nicht nur deshalb für treffend, weil es selten und ermutigend ist zu sehen, dass jemand bei einer Gelegenheit für Trauer Freude ausdrückt. Nein, gerade der letzte Satz packt mich: *Ich habe mein Leben geliebt.* Hopkins war ein religiöser Mensch; er glaubte an ein Leben nach dem Tod. Aber er scheint etwas Komplexeres erlebt zu haben als das typische (und ich finde schädliche) religiöse Gefühl, glücklich zu sein, weil er „an einen besseren Ort geht"; der letzte Satz scheint eine Erklärung für die ersten zwei zu sein: Er ist im Moment des Todes glücklich, weil er sein Leben geliebt hat. Auf den ersten Blick ergibt das keinen Sinn: Wenn er sein Leben so sehr geliebt hat, wie konnte er dann glücklich sein, dass es so früh endete? Die Antwort, denke ich, liegt in der Dynamik von Leben und Tod, die ich gerade beschrieben habe. Dieser Fähigkeit, in das Leben, das man geliebt hat, hineinzusterben, statt unwiderruflich aus ihm herauszufallen.

Wie es nun mal kommt, war ich in letzter Zeit selbst dem Tode nahe. Der Krebs, mit dem ich seit sieben Jahren lebe, wurde in letzter Zeit aggressiv, und im vergangenen Jahr lag ich viele Nächte wach in Krankenhausbetten und fragte mich, welche letzte Geste oder Erkenntnis ich vielleicht zustande bringe oder mir gewährt wird. Ich spürte Verzweiflung in meinem Zimmer aufsteigen wie eine fühlbare und undurchlässige Flüssigkeit. Obwohl ich diesen schmalen Grat der Zeit – und Zeitlosigkeit – noch nicht kennengelernt habe, den Hopkins wie auch meine Tante Sissy und meine Großmutter erlebten, war ich ihm dennoch nahe genug und durch Schmerzen gebeutelt genug, um zu schlussfolgern, dass man nicht immer für seine letzten Taten verantwortlich ist und dass sie auch nicht immer interpretationswürdig sind. Sissy schien sich damals aus ihrer Hülle herausbewegen zu wollen für eine letzte liebevolle Berührung des Lebens. Und meine Großmutter zitterte, als halle der Schrei, dem sie nicht Luft machen konnte, in ihrem Inneren wider. Aber trotzdem denke ich nicht, dass die eine gut und die andere schlecht gestorben wäre, dass die eine Gnade empfangen hätte, die die andere entweder ablehnte oder die ihr verweigert wurde. Hopkins' letzte Worte sprechen vom Leben, vom ganzen Leben und seiner letztlichen Bedeutung für den Tod. Und dass ihm diese Worte im letzten Moment seines eigenen Lebens in den Sinn kamen, machen sie noch ergreifender und kraftvoller, aber dass er in der Lage war, sie auszusprechen, ist Zufall.

Was bedeutet Glaube letztlich an solch einem späten Zeitpunkt? Ich habe oft das Gefühl, dass er nicht mehr und nicht weniger bedeutet als den Glauben an das Leben. Daran, dass es weitergeht. An die Unzerstörbarkeit, eine Atom-für-Atom-Intelligenz, die wir sind und nicht sind, eine Beharrlichkeit Tag für Tag und Tod für Tod, die auf einer mehr als menschlichen Hoffnung besteht, einer zarten und furchtbaren Energie, die für die, deren Augen sehend sind, Liebe ist. Meine Großmutter, die zu sehr in der Welt war, um sich ihrer „bewusst" zu sein, deren Geist das ausgedörrte Land ihrer Familie wie ein erlösender Regen übergoss und übergießt, war ein Beispiel für diese Energie. Und ich finde, um *ihr* treu zu sein – um dieser Person willen, die ich so sehr geliebt habe, wie ich einen Menschen lieben konnte –, muss ich an das weite Spektrum und die Dynamik ihres Lebens glauben, nicht an den furchtbaren und ungewöhnlichen Moment ihres Todes. Im Grunde ist das überhaupt nicht schwer. Genauso wenig wie der andere Glaube – oder besser gesagt natürliche Instinkt –, der gleichzeitig geschieht: Dass jede ihrer Tränen abgewischt wurde, dass Gott sie angesehen hat aus den Schmerzen heraus und dass in einem einzigen Wimpernschlag die Welt ihr gegenüber ihr zartestes Inneres geöffnet und sie hineingelassen hat.

GOTTES WAHRHEIT IST LEBEN

Als ich zwanzig war, verbrachte ich einen Nachmittag mit Howard Nemerov. Er war der erste „berühmte" Dichter, dem ich je begegnet bin. Später erfuhr ich, dass er durch mangelnden Respekt, wie er es empfand, seitens der Kritiker und anderer Dichter tief verbittert war. (Ich habe einmal gehört, wie ihn Thom Gunn einen „Zombie" nannte.) Hauptsächlich erinnere ich mich daran, wie er mit großem Eifer die Zeit und den Ort für seinen Martini am Mittag abstimmte, dass er „Animula" rezitierte, als ich ihm davon erzählte, dass ich Eliot liebe, und dass er mich an einer Stelle mit – wie ich heute weiß – großer Geduld und Freundlichkeit fragte, was ich denn nach meinem Studienabschluss im selben Jahr tun wollte. Ich hatte weder Pläne noch Ziele, die deutlich genug gewesen wären, um sie als solche zu erkennen, und kein Interesse an irgendeinem der Wege, auf die meine Kommilitonen zusteuerten. Ich verbrachte immer mehr meiner Zeit mit der Dichtkunst, obwohl ich das als nahezu peinlich empfand, selbst als ich das jetzt einem echten Dichter offenbarte. Es sprudelten Ausflüchte nur so aus meinem Mund, dass die Dichtung in Ordnung sei, solange man sie nicht zu ernst nehme, solange man nicht sein ganzes Leben dranhängen würde. Nemerov stellte daraufhin seinen Martini ab und schaute mich für einen langen Moment an – ich fühle sein Starren jetzt noch –, dann sah er weg.

***

Die Ironie ist, dass ich mich für die nächsten zwei Jahrzehnte so sehr der Dichtkunst verschrieb, dass ich fast die Welt um mich vergaß. Es erfordert Hingabe, ein Künstler zu sein, und es gibt keine Möglichkeit, ihre Kosten zu minimieren. Doch trotzdem gibt es, genauso wie in religiösen Kontexten, eine Art Hingabe, die in ihrem Kern eine Flucht ist.

Diese Gedichte, diese Gedichte,
diese Gedichte, sagte sie,
sind Gedichte mit keiner Liebe darin.
Dies sind die Gedichte eines Mannes,
der seine Frau und sein Kind verlassen würde,
weil sie in seinem Schaffen Lärm machen.
Dies sind die Gedichte eines Mannes,
der seine Mutter ermorden würde,
um Anspruch auf das Erbe zu erheben.
Dies sind die Gedichte eines Mannes wie Plato, sagte sie,
sie bedeuten etwas, das ich nicht verstehe,
das mich aber dennoch beleidigt.
Dies sind die Gedichte eines Mannes,
der lieber mit sich selbst als mit Frauen schläft, sagte sie.
Dies sind die Gedichte eines Mannes mit Augen wie Zugmesser,
mit Händen wie die eines Taschendiebs,
gewebt aus Wasser und Logik und Hunger,
ohne ein Fitzelchen Liebe darin.
Diese Gedichte sind so herzlos wie Vogelgesang,
so ungewollt wie Ulmenblätter, die, falls sie lieben,
nur den weiten, blauen Himmel und die Luft
und die Idee von Ulmenblättern lieben.
Selbstliebe ist ein Ende, sagte sie, und nicht ein Anfang.
Liebe bedeutet Liebe zu der besungenen Sache,

nicht zum Lied oder zum Gesang.
Diese Gedichte, sagte sie ...

Du bist, sagte er, wunderschön.

Das ist nicht Liebe, sagte sie zu Recht.
– „These Poems, She Said"[6] –

Jahrelang trug ich in meinem Kopf dieses Gedicht des kanadischen Dichters Robert Bringhurst wie ein Totem mit mir herum. Ich liebte seine Qualität an dramatisierter Sprache, das Gefühl, das es vermittelt, dass wir tatsächlich zueinander vielleicht Dinge sagen wie „Diese Gedichte sind so herzlos wie Vogelgesang, so ungewollt wie Ulmenblätter". Ich liebte die Mischung aus Intellekt und Sinnlichkeit, Abstraktion und Konkretion, Leidenschaft und Intelligenz. Aber vor allem liebte ich, *was* das Gedicht ausdrückte und wie es so perfekt Spannungen zu dramatisieren schien, die ich jeden Tag in meinem Leben spürte: zwischen der Kunst und den Menschen, die ich liebte; zwischen der Kunst und meiner Verantwortung in der Welt und gegenüber anderen Menschen; zwischen der Kunst und meinem Hunger nach einer Lebenserfahrung, die unmittelbar, ohne Vermittler, *mein* war. Genauso wie W. B. Yeats es vor über hundert Jahren getan hat, falls es eine solche Erfahrung tatsächlich je gegeben haben sollte: „Ich hätte vielleicht die armseligen Worte wegwerfen können und einfach zufrieden sein können zu leben."

Hat einen Kunst niemals so verzehrt, erscheint es vielleicht fremd, in solchen Begriffen von ihr zu denken – fast wie eine Antithese zum Leben oder wenigstens eine Art Parasit. Doch Tatsache ist, dass Kunst eben die Erfahrung, von der sie abhängig ist, kompromittieren, in gewisser Weise sogar neutralisieren kann. Wenn

Künstler zu sein, bedeutet, jemand zu sein, dem nichts entgeht, so wie Henry James es formulierte, folgt daraus: Künstler zu sein, bedeutet, in einem dauerhaften Sinn professionell unbeteiligt zu sein. Ein Künstler ist sich bewusst, dass er immer abseits des Lebens steht, und eine Folge davon kann sein, dass er anfängt, das sehr intensiv zu fühlen, was er zu fühlen *versäumt* hat: Insofern wird eine gewisse emotionale Zurückhaltung im Leben zu einer Quelle großer Kraft für das eigene Schaffen. Das Gedicht von Bringhurst ist sowohl Beispiel für diese Kraft – ihm wohnt eine starke emotionale Spannung inne, obwohl es emotionale Distanz zur Sprache bringt – als auch Tadel daran, denn es benennt diese ganze vermeintlich künstlerische Disziplin, den ganzen sich selbst freisprechenden Kram, „jemand zu sein, dem nichts entgeht", nur als eine Art Selbstliebe.

Bedenkt man das alles, überrascht es nicht, dass manche religiösen Dichter eine gewisse Spannung zwischen ihrer Hingabe an die Kunst und ihrer Hingabe an Gott gefühlt haben. Hopkins hat die Dichtung sogar jahrelang abgelehnt. Seine Begründung war, dass diese nicht mit dem Ernst seines Berufes im Einklang stehe. Doch man muss nicht viel von Hopkins lesen, um sich bewusst zu machen, dass der eigentliche Grund darin bestand, dass die Intensität seiner kreativen Erfahrungen mit der Intensität seiner religiösen konkurrierte und er sich vor eine harte Entscheidung gestellt sah. Doch es gibt auch George Herbert. Er war auch Priester, ein anglikanischer, wenn auch erst spät in seinem Leben, nachdem er zuvor zwei Legislaturperioden im Parlament verbracht hatte. Auch wenn Herbert die Dichtung manchmal mit Gott in Verbindung brachte und durch Worte Gnade erlebte, war er sich eines weltlichen Elements im Kern des Kunstschaffens vollkommen bewusst – einer gewissen Vorstellungskraft, die unterdrückt oder wenigstens gereinigt und angepasst werden musste für das zu bringende Opfer:

Lebt, süße Sätze, liebliche Metaphern, wohl!
Doch wollt ihr so davongehen? Wenn ihr früher
die Tür allein des Hurenhauses kanntet,
da wusch ich euch mit Tränen, brachte euch
zur Kirche, ehrbar ausstaffiert:
Gott muss mein Bestes, ja all mein Habe haben.

– aus „Die Vorboten"[7] –

Ich fühlte mich diesen beiden Dichtern immer sehr verbunden – ich weiß nicht, ob irgendein Dichter zu irgendeiner Zeit je kameradschaftlicher für mich sein wird als Herbert („*Schmerz war meine ganze Seele; mein Glaube war gering, bis mir das Leid rundweg sagte, dass ich am Leben bin.*"). Doch ich habe eine solche Spannung zwischen Dichtung und Gott nie unter vergleichbaren Bedingungen erlebt. Der schottische Läufer Eric Liddell, dessen Geschichte im Film „Die Stunde des Siegers" erzählt wird, erklärte einmal, warum er das Laufen nicht aufgeben könne – zumindest noch nicht –, um Missionar in China zu werden: „Ich glaube, dass mich Gott zu einem Zweck erschaffen hat", sagte Liddell, „aber er hat mich auch schnell gemacht, und wenn ich laufe, spüre ich sein Wohlgefallen … Das Laufen aufzugeben, würde bedeuten, ihn zu verachten." Mir gefällt dieser Gedanke: Gott schenkt keine Gabe, ohne auch die Verpflichtung mitzugeben, diese zu nutzen. *Wie* man sie aber nutzt, da wird es kompliziert.

Tatsache ist, dass ich – in diesen ganzen Jahren, in denen dieses Bringhurst-Gedicht meine eigene kleine persönliche Hymne war, als ich Abwesenheit wie eine Art Disziplin praktizierte, in fünfzehn Jahren vierzigmal umzog, nicht mehr besaß, als in den Kofferraum meines Autos passte, mich von meiner Familie, meinem Zuhause, mir selbst distanzierte, um diese Kraft in meiner Kunst zu erfahren – in dieser ganzen Zeit nicht an Gott gedacht habe.

Ich *dachte* zwar an Gott, aber nur als eine Art intellektuelle Notlösung, ein letztes Synonym für die endgültige Abwesenheit, wie eine vage und fast rein rhetorische Geste, die nur ein wenig mehr das Versagen sowohl der Worte als auch des Intellekts darstellte. Rückblickend gesehen ist mir klar, was da passierte, welche letzte Erkenntnis meinem Blick fehlte und ihn deshalb verschleierte und kleinhielt, welcher Hunger meinen Geschmack ruinierte, selbst als dieser mein Verlangen verstärkte, und zwar nach der Welt. „Wer ist hier der fertige Mensch, dessen Hände nur das kennen, was fort ist?", schrieb ich damals in einem Gedicht, das ich nie veröffentlichte. „Die ganze Nacht hält er es, so gut er kann, seine Verluste erneut verloren im Gesang."

In einem dieser Jahre wohnte ich in Prag. Ich lebte damals mit einer Frau zusammen. Im Gegensatz zu vorigen Beziehungen war diese innig, lang anhaltend und bleibt ein fester Bestandteil meiner Erinnerungen. Wir wohnten in einem dieser düsteren, grauen Wohnblöcke, die jede osteuropäische Stadt umgeben. Allerdings wohnten wir im obersten Stockwerk und hatten dadurch für nur ungefähr dreißig Dollar im Monat einen faszinierenden Blick auf Prag. (Das war im Jahr nach der Samtenen Revolution, als Touristen noch rar gesät und die Preise niedrig waren.) Als ich eines Tages am Küchentisch Tschechisch lernte und meine Freundin im Zimmer nebenan badete, landete ein Falke auf dem Fenstersims – nur etwa einen Meter von mir entfernt. Zehn Jahre später, nachdem dieser feste Bestandteil meiner Erinnerungen auf eine Weise zerbrochen war, die, wie mir klar ist, nie ganz heilen wird, schrieb ich ein Gedicht mit dem Titel „Poŝtolka", das auf Tschechisch Falke, genauer gesagt Turmfalke, bedeutet:

Ich lernte Worte
und du warst im Bad,
da flatterten kleine Vögel
und kurz danach

Von dem panischen Flug,
wie von der roten Dämmerung bestellt,
eine Konzentration ihres Lichts,
ein Falke auf dem Fenstersims.

Er betrachtete die Gartenlauben,
dann die Fenster groß und klein,
die Stockwerke im Nachbarhaus,
aber nie sah er herein.

Ich rief dich, du solltest ihn auch sehen.
Du erfülltest den Raum mit Dampf
und bliebst nackt neben mir stehen,
tropfend, und eine Blume

Aus Blut trat auf deine Wange
und schien langsam zu vergehen.
Ich konnte sie fast aussprechen,
die Liebe, die ich nahezu fühlte.

Wünsch dir was, hast du gesagt.
Ein Schauer lief mir über den Rücken.
Der Falke drehte den Kopf
und schaute mir in die Augen.

Und einen langen Moment, den ich noch spüre,
wünschte ich und wünschte und wünschte,
der Moment würde nicht enden.
Doch dann verschwand er einfach so.

Es ist ein Liebesgedicht über einen Menschen, der nicht zu Liebe fähig ist. Es ist eine Entrückung aus der Zeit von jemandem, der in diese nie ganz eingetreten ist, eine Lebensfeier eines Mannes, dessen Verstand nur auf Klagelieder ausgerichtet ist. Es ist auch, wie ich mittlerweile denke, in einem seltsamen und sehr modernen Sinn, ein Andachtsgedicht oder wenigstens ein früher unbewusster Versuch eines solchen, obwohl Gott nirgends darin vorkommt. Doch das macht es modern.

***

Ich habe früher an eine Art der reinen Ambition geglaubt, die ich als Ambition für meine Arbeit statt für mich selbst definierte. Aber jetzt? Wenn die Ambition eines Dichters wirklich seiner Arbeit und sonst nichts gelte, schriebe er unter einem Pseudonym, das nicht nur diesen reinen Raum des Schaffens erhalten, sondern ihn auch von den Ablenkungen befreien würde, sich in der Welt einen Namen machen zu wollen. Nein, jeder Ambition haftet ein kranker Gestank an, der unablässige Geruch des eigenen Selbst – ausgenommen dieses furchtbar glückliche Gefühl im Innern des Schaffens selbst, wenn jeder Gedanke an den eigenen Namen ausgelöscht wird und man nichts anderes will als das Gedicht. Dass es ein Mittel sein soll, in dem sich etwas Reales, vielleicht sogar etwas Ewiges offenbart. Das entspricht edler Ambition. Aber alles, was danach kommt – das Bedürfnis nach Anerkennung, Publikation, Selbstvermarktung –, ist das nicht das, was normalerweise unter den Begriff „Ambition“ fällt? Wir versuchen, uns für uns selbst realer zu machen, uns zu fühlen, dass wir ein Ich *haben*, obwohl uns die tiefsten Momente des eigenen Schaffens sagen, dass wir es auf eine grundlegende Weise nicht haben. (Durch solche Momente wird die *Seele* offenbart, die sowohl innen als auch außen ist, sowohl wir selbst als auch anderes.) Solange man die Ambition verfolgt, dem eigenen Dasein das Dasein, der eigenen Natur die Natur aufzudrücken, ist die eigene Ambition korrupt, und man verfolgt einen Geist.

* * *

Trotzdem ist da *etwas*, dem jeder Künstler folgt und dem er antworten muss, eine Verknüpfung seines Seins, seiner Materie mit dem Sein an sich. Inspiration ist, wenn diese drei Dinge kollidieren – oder kolludieren. Das Werk, das aus dieser Bewusstseinskrise entsteht, kann von der Welt als Scheitern oder als Erfolg gewertet werden, und dieses Urteil wird der eigenen Eitelkeit wehtun oder ihr schmeicheln. Aber es kann nicht in diese Krise hineinsprechen, in der, für die und von der aus das Werk geschaffen wurde. Für jeden Künstler, der ein offenes Ohr für seine eigene Seele hat, ist diese Krise die einzige Berufung, auf die es ankommt. Ich kenne keinen anderen Namen dafür außer Gott – doch die Menschen haben andere Namen dafür oder eben keine.

* * *

Diese Wahrheit setzt den Künstler unter einen starken Druck: Wenn diese ursprüngliche Berufung, diese Bewusstseinskrise, entweder nicht richtig gehört oder nicht mit allem, was in einem ist, beantwortet wird, dann werden von der unerbittlichen Selbsterkenntnis selbst die lautesten Beifallsbekundungen befleckt und die Wunden der Ablehnung mit Salz bestreut. Ein Künstler, der diesen inneren Schiedsrichter verliert, ist ein Künstler, der die Berufung, die er bekommen hat, nicht mehr hören kann.

***

Heutzutage verliere ich die Geduld mit einer Dichtung, die nicht in die Welt eintaucht, durch sie getrübt und von ihr verwandelt ist. Damit meine ich nicht unbedingt eine Dichtung, die ein offensichtliches gesellschaftliches Anliegen vertritt oder sorgfältig in ihren Beschreibungen ist, sondern eine Dichtung, in der man spüren kann, dass die Fantasie des Dichters durch die umfängliche Begegnung mit der Welt und anderen Menschenleben aufgeladen wie gezüchtigt wurde. Ein Dichter wie Robert Lowell, der eine gewaltige Vorstellungskraft in punkto Sprache besaß, aber leider keine für andere Menschen, bedeutet mir im Laufe der Zeit immer weniger. Anders verhält es sich mit einer Dichterin wie Gwendolyn Brooks, mit ihrer reichhaltig rauen und echten Beschreibung des Chicagoer Stadtviertels Bronzeville, oder Lorine Niedecker mit ihren „sehr schaumigen Typen“ aus Ost-Wisconsin – solche Dichterinnen scheinen mir aus ihren Gräbern Rettungsringe zuzuwerfen.

Ich arbeitete in der Druckerei,
unmittelbar unter ihnen,
jenen Leuten, von denen alle Poesie ausgeht
und entsetzlich viel anderes.

***

Der evangelische Pastor und Theologe Dietrich Bonhoeffer, ein Mensch mit einer kraftvoll leuchtenden moralischen Haltung inmitten des mörderischen 20. Jahrhunderts, befand sich in den Vereinigten Staaten in Sicherheit, als Hitlers Absichten immer offensichtlicher wurden. Er hätte dort bleiben, am Union Theological Seminary eine angesehene Stelle annehmen und ein ruhiges, komfortables Leben als einflussreicher Intellektueller genießen können. Doch die Entscheidung fiel ihm nicht allzu schwer: Er kehrte in ein zerfallendes und gefährliches Deutschland zurück. Denn, so sagte er, würde er nicht die Zerstörung seines Landes miterleiden, könnte er nicht glaubwürdig an dessen Wiederaufbau teilhaben. Er kehrte zurück, weil „nur die Gehorsamen glauben", wie er vorher geschrieben hatte. „Wenn wir glauben wollen, müssen wir einem konkreten Auftrag gehorchen."

Bei allem modernen Gerede, das Werk und das Leben eines Autors seien voneinander zu trennen, allen Forderungen, Kunst dürfe nicht als Autobiografie verstanden werden, gibt es manche Werke, die durch ein Leben mit Bedeutung elektrifiziert werden – Worte, die nur durch die Tat beglaubigt werden. Nicht immer ist der Auftrag positiv: Die späten Gedichte von Sylvia Plath sind genau deshalb so störend und mächtig, weil sie die furchtbare Tat beging, um die sie tanzten. Die Tat ist nicht immer gewollt: Der ungarische Dichter Miklós Radnóti wurde nach einem langen Zwangsmarsch mit Hunderten anderer verurteilter Männer 1944 von den Nazis getötet und in ein Massengrab geworfen. Als sein Leichnam nach dem Krieg exhumiert und identifiziert wurde, entdeckte seine Frau in einer Manteltasche ein kleines Notizbuch mit Gedichten, die er in seinen letzten Tagen geschrieben hatte. Prophetisch, apokalyptisch und doch brutal konkret. Seine Gedichte sind unerschrocken wie unheimlich zugleich. „Der Leser nähert sich ihnen mit einer gewissen Hochachtung", schreibt der Dichter und Übersetzer George Szirtes, „als wären sie mehr als Gedichte. Langsam nimmt alles eine mythische Form an, und das Leben umschließt das Werk so vollständig, dass das eine im anderen aufgeht."

Bonhoeffer war Theologe, kein Künstler (obwohl er eine Gabe besaß für einen ausnahmslos knappen Stil und klare Paradoxien, die Kennzeichen der Dichtung sind), aber die Wirkung ist die gleiche:

Es kommt wohl nur darauf an, ob man dem Fragment unseres Lebens noch ansieht, wie das Ganze eigentlich angelegt und gedacht war und aus welchem Material es besteht.[8]

Das bedeutet, dass eine Erkenntnis nicht getrennt werden kann von der Existenz, in der sie gewonnen ist. Nur wer in der Nachfolge Jesu im Verzicht auf alles, was er hatte, steht, darf sagen, dass er allein aus Gnaden gerecht werde.[9]

Jede echte Tat ist derart, dass niemand anders als man selbst sie tun kann.[10]

Es spielt kaum eine Rolle, ob man einer dieser Aussagen „zustimmt". Diese Worte haben eine Authentizität und Autorität, die über bloß intellektuelle Thesen hinausgeht: In ihnen brennt das tapfere und kompromisslose Leben, das dahintersteht – wie auch der Tod. Dietrich Bonhoeffer wurde am 9. April 1945 im Konzentrationslager Flossenbürg hingerichtet.

***

Nachdem er bereits ein Jahr im Gefängnis gesessen hatte und noch ein weiteres schweres Jahr von seiner Hinrichtung entfernt war, schrieb er lange Briefe an seinen Freund Eberhard Bethge. Bonhoeffer schmiedete diese aus seinem starken Glauben, seiner Angst, seiner Sehnsucht nach seiner Verlobten und dem Entsetzen über die nächtlichen Bombenangriffe: „Es gibt wichtigere Dinge als Selbsterkenntnis." Ja. Ein Künstler, der das glaubt, ist ein Künstler des Glaubens, selbst wenn der Glaube keinen Gott enthält.

***

Oft frage ich mich, warum mich ein „christlicher Instinkt" häufig mehr zu den religionslosen Menschen als zu den Religiösen zieht, und zwar durchaus nicht in der Absicht der Missionierung, sondern ich möchte fast sagen „brüderlich".[11]

– Dietrich Bonhoeffer –

***

Bonhoeffer zu lesen, macht mir wieder bewusst, wie klein unsere Berührungspunkte mit dem Leben sein können, vielleicht sogar notwendigerweise *sind*, wenn unser wahrstes Selbst seinen emotionalen und intellektuellen Ausdruck findet. Bei allem, was um Bonhoeffer herum geschieht, und angesichts all der Menschen in seinem Leben (er schrieb Briefe an viele weitere Personen und pflegte enge Kontakte zu anderen Gefangenen), funkelt sein Denken nur in den Briefen an Bethge so richtig fokussiert auf. Leben ist *immer* eine Frage der Intensität und diese ist immer eine Frage des Fokus. Viele verzweifeln heute daran, dass sie die Vielfalt der Existenz spüren, jedoch nicht die Möglichkeit haben, das eigene Sein zum Ausdruck zu bringen oder freizusetzen. Ich befürchte daher manchmal, dass wir uns dahin entwickeln, dass die Möglichkeiten für diese kleinen, aber intensiven Punkte der Intimität und des Ausdrucks – zum Beispiel die Dichtung – nicht einfach verschwinden, sondern nicht mehr als notwendiger Druck empfunden werden.

***

Unser Verstand versucht ständig, Gott auf unsere Ebene hinabzuholen, statt uns von ihm auf Ebenen erhöhen zu lassen, zu denen wir vorher nicht imstande waren. Das verhält sich im Leben genauso wie in der Kunst. Dadurch lieben wir innerhalb von Grenzen, die die Erfahrung uns gezogen hat, wir schaffen aus Impulsen heraus, die bekannt und, wenn wir ehrlich sind, erschöpft sind. Was könnte es heißen, in Bedeutungen hineingezogen zu werden, die uns in einem tiefen und notwendigen Sinn erschüttern? Das bedeutet es zu lieben. Das *sollte* bedeuten, noch ein weiteres Gedicht zu schreiben. Die innere und äußere Dringlichkeit davon zu spüren, ihre mysteriöse wie verworrene Wirkung. Jegliche Liebe verabscheut Gewohnheit und die Dichtung ist eine Art der Liebe.

***

Kunst braucht ein äußerstes Interesse, um Paul Tillichs Formulierung zu gebrauchen. Während der Glaube an Gott unter den Künstlern Ende des 19. und Anfang des 20. Jahrhunderts schwand, wurde der Tod zu ihrem äußersten Interesse. Dickinson, Stevens, Beckett, Camus – das sind die großen, hingebungsvollen Dichter des Todes. Die Postmoderne trachtete danach, den Tod im Wahnsinn des Moments auszulöschen, von ihm abzulenken mit Ironie und schonungsloser Oberflächlichkeit, in der, da nichts mehr wert war als irgendetwas anderes, nichts der letztgültigen Bestätigung oder Verneinung unterworfen war. Das war ein Rückzug von dem kalten Blick, den die Modernisten auf den Tod geworfen hatten, und die Kunst der Postmoderne ist als direkte Konsequenz weniger eindringlich. Ich vermute, die einzig mögliche Entwicklung besteht darin, damit zu beginnen, einen Weg zu finden, dass wir uns selbst wieder einmal in den Tod hinein- und wieder hinausversetzen, obwohl ich auch das ziemlich sichere Gefühl habe, dass die alten religiösen Linderungsmittel, zumindest die, welche mit der christlichen Idee vom Himmel verwandt sind, nicht angemessen sind.

***

Die drei Schriftsteller der Gegenwart, deren Werk mir am meisten bedeutet, sind Cormac McCarthy *Blood Meridian* (Die Abendröte im Westen), Fanny Howe *Indivisible* und Marilynne Robinson *Housekeeping* (Haus ohne Halt) sowie *Gilead*. Sie besitzen nicht nur die linguistischen und metaphorischen Fähigkeiten großer Dichter (Howe ist Dichter), sondern auch ein echtes visionäres Gespür. Meine Neigungen haben natürlich mit meiner Vorliebe zu tun: Ich *glaube* an visionäres Erspüren und Erleben und an die Fähigkeit der Kunst, diese Dinge zu erkennen. Ich glaube auch, dass visionäre Kunst eine höhere Errungenschaft ist als Kunst, die sich nur mit der vor uns liegenden Welt befasst. Deshalb reagiere ich auf William Carlos Williams nicht so sehr wie auf T. S. Eliot und ich ziehe Wallace Stevens (das frühere Werk) Elizabeth Bishop vor. („Sunday Morning" so zu lesen, wie es offenbar gelesen werden will, seine Aussagen über die Realität und Transzendenz für bare Münze zu nehmen, heißt, dieses Gedicht falsch zu lesen, es zu *unter*-lesen. Seine massive Orgelmusik und formelle Erhabenheit zielen nicht einfach auf Transzendenz ab, sie fordern sie.) Erfolgreiche visionäre

Kunst ist selten, und zu viel davon stumpft nicht nur ihre Wirkung ab, sondern weckt auch eine Sehnsucht nach Kunst, die tief mit dieser Welt und nichts anderem verbunden ist. In diese letztere Kategorie gehört der größte Teil der gegenwärtig existierenden Kunst – sogar viel von der Kunst, die religiös zu sein scheint.

***

Einige Dichter – im Grunde überraschend wenige – besitzen eine ganz besondere Gabe: eine Sache gleichzeitig in ihrer „Dinghaftigkeit" aufleuchten und sich über ihre eigene Dimension hinaus verzweigen zu lassen. Norman MacCaig: „Strohhalme liegen wie zahme Blitze auf dem Gras und hängen im Zickzack an Hecken." Oder: „Zwei eingeborene Träger sind die schwarze Kuh, sie bringen ihren Bauch heim, an einem Pfahl hängend." Was hier geschieht, entspricht nicht dem Klischee poetischer Wahrnehmung, „das Außergewöhnliche im Gewöhnlichen zu entdecken". Vielmehr geschieht hier eine mysteriöse Resonanz zwischen Sache und Sprache, Verstand und Materie, die eine Realität offenbart – und sich eben wie eine Offenbarung anfühlt –, die über das hinausgeht, was wir für gewöhnlich sehen. Die moderne Physik nennt das „Quantenseltsamkeit", was sich darauf bezieht, dass sich ein beobachtetes Teilchen ganz anders verhält als eines, das nicht beobachtet wird. Ein beobachtetes Teilchen, das sich durch ein Gitter bewegt, bewegt sich immer durch ein einziges Loch. Ein Teilchen, das hingegen nicht beobachtet, aber mechanisch überwacht wird, bewegt sich gleichzeitig durch viele Löcher. Das legt die Vermutung nahe, dass das, was wir Realität nennen, durch die Begrenzungen unserer Sinne bedingt ist, und dass es eine andere Realität gibt, die viel größer und komplexer ist als unsere Wahrnehmung. Die Wirkung, die ich bei MacCaigs metaphorischer Explosivität oder bei

Dichtern wie Seamus Heaney, Sylvia Plath oder Ted Hughes erlebe, ist nicht die einer mystischen Welt, sondern vielzähliger Dimensionen innerhalb einer einzigen Wahrnehmung. Sie entdecken nicht das Außergewöhnliche im Gewöhnlichen. Sie nehmen, für einen kurzen Moment, etwas von der Realität wahr, so wie es wirklich ist.

* * *

Welche Rolle spielt die Dichtung, wenn es turbulent zugeht auf der Welt? Sich immer weiter ausdehnende Umweltkatastrophen und nicht enden wollende Kriege vielerorts haben, wie es scheint, eine lähmende, sterilisierende Wirkung auf einen Großteil der amerikanischen Dichtung. Es ist weniger die Größe der Krisen als unsere offensichtliche Immunität ihnen gegenüber, dieser Tod, bei dem wir alle aufblühen, der unsere besten Energien in esoterische Sprachspiele dreht oder selbstgefällige Rückzüge in die Nostalgie von Form oder Thema oder die schrille Anprangerung einer Kultur, auf deren Privilegien wir noch nicht verzichten wollen – beziehungsweise, genauer gesagt, wir wissen nicht einmal, wie wir darauf verzichten könnten. Es gibt eine Wut nach Klarheit, eine galvanisierende Kombination aus Hoffnung und Klage, die jetzt dringend benötigt wird, aber manchmal scheint es, als ob wir – und ich verwende den Plural bewusst, ich will mich gar nicht ausschließen – besorgt darauf warten, bis dass die Verwüstung unsere Straßen erreicht. Was eines Tages geschehen wird und zwar ganz gewiss geschehen wird.

* * *

Aber der Kampf ist manchmal auch leise. Selbst für die in der Hölle. Bonhoeffer sagte: „Die Aufgabe unserer Generation wird sein, nicht ‚Großes zu suchen', sondern unsere Seelen aus dem Chaos zu retten und zu bewahren und zu erkennen, dass sie das Einzige sind, das wir als ‚Preis' aus dem brennenden Gebäude hinaustragen."

* * *

Was ist der Unterschied zwischen einem Schmerzensschrei, der gleichzeitig ein Schrei des Lobes ist, und einem Schmerzensschrei, der pure Verzweiflung ist? Glaube? – Der Schrei des Glaubens, selbst wenn es ein Schrei gegen Gott ist, richtet sich an Gott, hat seinen Sinn in Gott, so wie die Schreie Hiobs. Der Schrei des Unglaubens hingegen ist der Schrei der Verdammten, so wie Dantes Seelen, die in Bäumen eingeschlossen sind und bluten müssen, um zu sprechen, ihre Befreiung von Schmerz bedeutet nur weiteren Schmerz. Wie viel von der Dichtung des 20. Jahrhunderts, wie viel von meiner eigenen, enthält den Schrei der Verdammten? Aber das ist zu sehr vereinfacht. Es übersieht einen Dichter wie A. R. Ammons, der überhaupt keinen religiösen Glauben hatte, aber dessen Werk eine Art von nicht zu leugnender lyrischer Transzendenz besitzt. Vielleicht verhält es sich ja so: Ein Schrei, der gleichzeitig eine Energie zu enthalten und freizusetzen scheint, die nicht nur das Selbst ist, die nicht in der Verzweiflung endet, sondern sich, wenn auch dunkel, jenseits davon verzweigt, ist ein metaphysischer Schrei. Einen solchen Schrei von sich zu geben, ist – selbst wenn Definitionen fehlen – eine Definition, denn er stellt uns in Bezug zu etwas, das über uns selbst hinausgeht. Ammons:

... wenn du kein Wort
senden kannst, das schweigend heilt.

Wenn es nicht richtig oder realistisch ist,
ein Wort zu senden, echte Lippen diese

gebrochenen Töne sagen, dürfen wir dann
annehmen, dass wir diese Sache

so gut wir können, bewältigen und
unsere Sünden ergründen bis zu ihren

tiefsten Definitionen, können wir mit
dir wie eine Baumreihe entlanggehen,

und hin und wieder wird deine Klarheit und Wärme
auf unseren schattenhaften Weg gestreut:
– aus „Glare" –

***

Kann man aus einer Rhetorik, die aus dem Grauen entstand, ein Vokabular des Glaubens formen und dann hinter dieser neuen Sprache stehen? Wird Glaube durch eine Veränderung in der Rhetorik geschaffen, die bewusst konstruiert werden kann, oder muss es ein erschütterndes Erlebnis geben, das die alten Worte für diese Dinge auseinandernimmt?
– Fanny Howe –

Es muss ein erschütterndes Erlebnis geben. Worte sind unvermeidlich mit der Welt verbunden. Sprache hat ihre Blutlinien, durch die Geschichte und durch unser eigenes schlagendes Herz. „Um seine Sprache zu ändern", schreibt Derek Walcott, „muss man sein Leben ändern", obwohl das immer noch nach eigenem Willen schmeckt.

Menschen – besonders Künstler – lieben es, sich vorzustellen, dass sie sich in neue Veranlagungen des Selbst und der Seele versetzen könnten. Andernfalls ist alles Warten, alles bloß Bereitschaft für eine Veränderung, die vielleicht nie kommt.

Bedeutet das, dass sich ein Künstler nie von innen verändert? Dass man kein Vokabular des Glaubens aus dem, was Fanny Howe „eine Rhetorik des Grauens" nennt, bauen kann? Dass die Arbeit, wenn sie durch nichts als durch Abwesenheit, Leere, Verzweiflung genährt wird, zu gar nichts taugt?

Ja. Manchmal taugt die Arbeit nichts und sollte eingestellt werden. Man arbeitet sich in dieselbe Richtung voran, so weit es möglich ist, und dann verändert einen das Leben oder eben nicht. Der Fehler, den viele junge Künstler machen, ist zu denken, dass sie solche Veränderungen erzwingen könnten oder – noch viel gefährlicher – dass sie nahe am Feuer der Umstände und des Leidens treiben könnten, ohne sich zu verbrennen:

Ach, sollte man ein Kind nicht warnen:
Jedes Lied, in dem es trauert,
ist wie eine Prophetie.
Es wäre der Zunge unwürdig,
die Hälfte des Lebens nicht zu berühren,
und das Gute ohne das Kranke zu besingen.
Doch bleibt dem Schicksal scheinbar keine Wahl,
als das, was die Jungen
in glücklicher Traurigkeit besungen,
erfüllen zu müssen.

– Robert Frost, „The Wind and the Rain"[12] –

***

Wallace Stevens' Worte in seinem großartigen Gedicht „Sonntagmorgen" haben mich schon immer berührt – sogar verfolgt: „Der Tod ist die Mutter der Schönheit." Genauso wie das Gedicht von Robert Bringhurst, das ich am Anfang des Kapitels zitiert habe, war Stevens' Zeile für Jahre quasi in meinem Gehirn eintätowiert; es war eine Art Credo, nach dem ich lebte. Beziehungsweise, wie „Poŝtolka" deutlich macht, nach dem ich fast lebte. Es beinhaltet diesen alten Carpe-diem-Schrei, „Sammle die Rosenblüten, solange du kannst", etc. Außer dass Stevens, im Gegensatz zu Horaz und Herrick, angesichts der Zeit, die sich unserem Zugriff entzieht, weder zu Eile noch zu Exzess aufruft. „Sonntagmorgen" spricht schon in den ersten Zeilen von Langsamkeit und Bedächtigkeit, vom Genießen des Erlebnisses:

Behaglichkeit des Morgenmantels und später
Kaffee und Orangen in einem sonnigen Stuhl
und die grüne Freiheit eines Kakadu
auf einem Teppich vereinigen sich,
die heilige Stille alten Opfers zu vertreiben.[13]

Nein, Stevens glaubte, dass eine Konzentration auf den Tod das Leben konzentriert. Dass wir das Leben nicht klar sehen können, außer durch die Linse des Todes, aber dass wir es genießen können, wenn wir es erst einmal mit solcher Klarheit gesehen haben. Das habe ich geglaubt und so habe ich zu leben versucht – bis ich eines Tages *tatsächlich* durch die Linse des Todes schaute.

Dieser Blick war, wie sich herausstellte, völlig anders. Ab dem Moment, als ich erfuhr, dass ich Krebs habe – an meinem 39. Geburtstag durch eine kurze Nachricht auf dem Anrufbeantworter –, war die Welt nicht nur nicht intensiviert, sondern spürbar gedämpft. Ich kann immer noch fühlen, wie weit weg alles plötzlich erschien – die Menschen, die vor dem Fenster auf der Straße gingen, die Bücher im Regal, meine Frau, die mich in dem Moment, bevor ich es ihr sagte, anlächelte. Und lange nach dem anfänglichen Schock fühlte ich eine unerträgliche, erstickte Qualität der Welt um mich herum, die paradoxerweise Hand in Hand mit akutem, innerem Schmerzempfinden einherging. Es war, als wäre die Taubheit nicht meine, sondern die der Welt, als wäre aus den Dingen eine Energie abgeflossen. An einem gewissen Punkt wurde mir bewusst, dass trotz meines ganzen literarischen Geredes von der Würze und Schärfe, die die Sterblichkeit dem unmittelbaren Erleben verleiht, ein Teil meines Lebensgenusses immer die unbewusste Annahme seiner Kontinuität gewesen war. Nicht unbedingt einer Kontinuität der Realität an sich – der Moment *vergeht* natürlich –, aber wenigstens einer Kontinuität im Gedächtnis und einer Zukunft, die der Akt des Erinnerns impliziert (es muss ein Irgendwo geben, von dem aus man sich erinnert). Das Leben ist kurz, sagen wir auf die eine oder andere Weise, aber da wir uns unseren eigenen Tod nicht vorstellen können, solange er uns nicht aufgedrängt wird, leben wir in einem Land, in dem nur die anderen sterben.

„Der Tod ist die Mutter der Schönheit" kann nur von einem Mann geschrieben worden sein, für den der Tod ein Abstraktum ist, und zwar ein vage angenehmes. Entfernt man das Zukünftige von der Erfahrung, entzieht man ihr genauso sicher ihren Sinn, wie wenn man die Vergangenheit eines Menschen abtrennt. „Die Erinnerung ist die Grundlage für individuelle Persönlichkeit", schreibt Miguel de Unamuno, „genauso wie die Tradition die Grundlage für die kollektive Persönlichkeit eines Volkes ist. Wir leben in der Erinnerung und durch die Erinnerung, und unser geistliches Leben ist im Grunde einfach der Versuch unserer Erinnerung, durchzuhalten, sich in Hoffnung zu verwandeln, der Versuch unserer Vergangenheit, sich in unsere Zukunft zu verwandeln." Mit anderen

Worten: Wir brauchen sowohl die Vergangenheit als auch die Zukunft, damit unser Tun und unsere Gefühle und Empfindungen in der Gegenwart eine Bedeutung haben.

Streng genommen existieren Vergangenheit und Zukunft jedoch nicht. Sie sind beide in einem größeren oder geringeren Maß Schöpfungen der Fantasie. Jeder, der sagt, dass man nur in der Zeit leben könne, sagt nicht ganz die Wahrheit, denn wenn wir nicht imaginär außerhalb der Zeit leben, können wir nicht tatsächlich in ihr leben. Und wenn wir in unserem täglichen Leben außerhalb der Zeit leben – wenn es wirklich *nötig* ist, um unser tägliches Leben zu begreifen und darin zu leben, dass wir in einem imaginären Sinn außerhalb der Zeit leben –, ist es dann zu weit hergeholt, sich vorzustellen, dass die Verwirklichung der Existenz vollkommen außerhalb der Zeit geschieht?

***

Aus einem Fenster

Unheilbar und ohne Glauben
an eine Wahrheit als an die des Trauerns

sah ich einen Baum in einem Baum
kaleidoskopisch sich erheben,

als hätten die Blätter lebendige Geister.
Ich drückte das Gesicht so nah

wie möglich an die Scheibe und sah,
wie dieser unruhige, fließende Geist

wie ein einziges undefiniertes Wesen
oder zahllose Wesen, die eines Sinnes sind,

seine sonderbare Einheit fortbrachte,
jenseits der Grenzen meiner Wahrnehmung

über dem Haus zum Himmel hinauf.
Natürlich wusste ich, dass diese Blätter Vögel waren.

Natürlich stand dieser alte Baum genauso da,
wie es immer sein wird und schon immer war,

(aber warum erschien er mir jetzt voller?)
und obwohl der Mensch zu einem gewissen Maß

selbst einem Baum Leben zuzumessen meint,
den der Mensch bezeugen zu können scheint,

ist dieses Leben nicht das Leben der Menschen.
Und hier taucht plötzlich Freude auf.

***

Ich schrieb dieses Gedicht wenige Monate, nachdem ich meine Diagnose mitgeteilt bekommen hatte. Nichts daran war geplant oder durchdacht. Mir war nicht bewusst, dass eine echte Lebenserfahrung in eine Gotteserfahrung übergehen kann und dass daraus ein Gedicht entsteht, das meine Gefühle beschreibt. Nein, es war eher umgekehrt: Ich schrieb dieses Gedicht eines Tages aus Angst, Leere, Trauer – und es explodierte geradewegs in Freude. Ich befand mich auf der Suche nach Zuflucht im halb bewussten Spiel mit der Sprache und wurde durch ein Sinngewebe gerettet, das ich nie beabsichtigt hatte. Das Gedicht hat mich etwas gelehrt: Wenn man nicht an Gott „denkt“, auf welche Weise man das auch tut, wenn Gott keinen Bezug zur eigenen Erfahrung hat, wenn Gott nicht *in* der eigenen Erfahrung ist, dann ist die Erfahrung immer ein Selbstzweck und immer, so denke ich, eine Sackgasse. Die Erfahrung führt nicht nur zu nichts anderem, dieses äußerste Bewusstsein, diese Reinigung des Geistes durch das Äußerste, kommt auch nie in die konkreten Details der Existenz. Man kann das Leben auf diese Weise gewiss genießen; man kann eine total gute Zeit haben. Aber ich möchte behaupten, dass das Leben *nur* etwas bleibt, das man genießt, und dass nicht nur sein wahres Wesen, sondern auch etwas im eigenen wahren Wesen passiv, unberührt, stumm bleibt.

***

„Aus einem Fenster“ war eines der wenigen Gedichte, die ich nach meiner Diagnose schrieb, die mir ein gewisses Gefühl von Halt und Verheißung gaben: Das schrecklich Vage der Dinge wurde für einen Moment verdrängt, und ich konnte wahrnehmen, wo ich stand, und konnte einen Weg vorwärts spüren. (Einen Weg vorwärts *spüren*: Hätte mich damals jemand gefragt, ob ich an ein Leben nach dem Tod glaube, hätte ich Nein gesagt. Aber meine Gedichte sprachen immer wieder ihre exzentrischen Himmel an, drängten mich unablässig dazu, dieses Verb „glauben“ auf neue Weise zu verstehen.) Deshalb war es verwirrend und beunruhigend, dass ich, während die Zeit verging, Gedichte schrieb, die die Fortschritte, die ich gemacht hatte, aufzugeben schienen, in denen das Göttliche nicht nur zu fehlen schien, sondern die dies auch noch zu genießen schienen:

Es ist gut, selbst als verderbender Körper
im Sonnenschein zu sitzen,
unbehelligt von Gott oder dem Fehlen von Gott,

die Biene zu sehen, die jenseits
der vielen geplünderten Blumen
durch die Luft auf dich zutaumelt

und wie ein zarter Hubschrauber
über deinem Knie schwebt,
bis sie feststellt, dass du

nicht süß bist, aber wenigstens
nicht zurückschreckst, ihre haarigen Beine
auf den Haaren an deinem Bein

berühren dich
mit einer Kühle
wie die Seele eines Nervs.

Nicht nur dass dieses Gedicht nicht von Gott erzählt, es fegt selbst die Möglichkeit grob vom Tisch. Trotzdem fühlte ich etwas rettendes anderes ganz in mir und um mich herum, als ich es schrieb. In diesem Gedicht steckt keine Möglichkeit des Himmels; in ihm steckt sogar eine implizierte Verachtung für diese Vorstellung. Und doch fühlte ich mich – während dieser kurzen Ehe von Wort und Welt, die die Dichtung ist – in Dimensionen der Existenz projiziert, die ich mir nie hätte vorstellen können, bevor ich dieses Gedicht geschrieben habe, oder die ich mir *nur* hätte vorstellen, aber nie hätte fühlen können. Kann es so etwas wie ein nicht andächtiges Andachtsgedicht geben? Hopkins und Herbert dachten beide, Gott begrenze die Fantasie, dass der Glaube es erfordere, bestimmte Grenzen im eigenen Denken zu ziehen, die sie nicht zu überschreiten wagten, oder falls sie diese überschritten (was sie gewiss taten), geißelten sie sich danach dafür. Ich verstehe das Dilemma, widerspreche aber der Lösung. Wenn der Glaube verlangt, eine Inspiration auszuschließen, ist es sicher kein Glaube.

***

Die Frage, welche Kunst genau Gott sucht und versucht, Gott zu dienen, ist komplizierter, als es vielleicht scheint. In jeder ursprünglichen Kunst ist etwas, das sich *nicht* Gott unterwerfen lässt, wenn wir mit „Gott unterwerfen" eine Art freiwillige Zensur oder erzwungene Verweigerung des spontanen und manchmal störenden Eindringens des Verstandes in die Realität und ihre Erweiterungen meinen. Aber so ist diese Aussage nicht zu verstehen. Im Gegenteil, wir kommen der Wahrheit der Beziehung des Künstlers zur Göttlichkeit näher, wenn wir es nicht so sehen, Gott unterworfen zu werden, sondern Gott *ausgesetzt* zu werden – unsere individuelle Subjektivität verliert sich in Gottes Realität und wird darin neu entdeckt. Die menschliche Fantasie ist nicht einfach unser Mittel, um Gott zu erfassen, sondern Gottes Mittel, mit dem er sich in uns manifestiert. Daraus folgt, dass jede Vorstellung von Gott, die statisch ist – da sie von einer singulären Gotteserkenntnis ausgeht und versucht, sein Wesen auf diese Erkenntnis zu beschränken –, gotteslästerlich ist. „Gottes Wahrheit ist Leben", wie Patrick Kavanagh sagt, „selbst die grotesken Formen seines schlimmsten Feuers." Ein Teil dieser Wahrheit ist, selbst für die Frömmsten unter uns, die Leere der Gottlosigkeit – und manchmal, geheimnisvoll, die Freude dieser Leere.

***

Derselbe Impuls, der mich dazu führt, von Gott zu singen, führt mich dazu, von der Gottlosigkeit zu singen.

Gott gibt uns zu wissen, dass wir leben müssen als solche, die mit dem Leben ohne Gott fertig werden. Der Gott, der uns in der Welt leben lässt ohne die Arbeitshypothese Gott, ist der Gott, vor dem wir dauernd stehen. Vor und mit Gott leben wir ohne Gott.[14]

– Dietrich Bonhoeffer –

Die Götter sind zurück, Gefährten. Soeben haben sie dieses Leben betreten; aber die Worte, die sie für nichtig erklären, neben den Worten geflüstert, die sie offenbaren, sind auch erschienen, damit wir gemeinsam leiden.[15]

– René Char –

Manchmal ruft Gott einen Menschen zum Unglauben, damit der Glaube neue Formen annehmen kann.

OH, DU MEISTERHAFTES LICHT

Was wurde aus diesen vielen Stunden und Jahren des Lesens und Denkens? Was hatten sie ihm gebracht? Er kannte all die Bücher, die er gelesen hatte, nicht besser als ein Gewässer sein Treibgut, doch genauso wie das Gewässer fühlte er sich dadurch schwer und träge. Er sehnte sich danach, von all dem, nach dem er sich früher so gesehnt hatte, frei zu sein, und er begann, sich vorzustellen, wie ein solches Auswaschen geschehen könnte (Woher? Womit?), damit er vielleicht nicht unbedingt sauber gewaschen würde von dem, was er so unvollkommen gelernt hatte, aber doch erneuert und verändert wäre. Keine Säuberung, sondern ein Übergang. Dann könnten diese ganzen ungleichen Teile in ihm vielleicht ein Ganzes bilden, *ihn* ganz werden lassen. Die große Ironie natürlich, die Wahrheit, die sich auftat, so wie sich ihm alle anderen Wahrheiten erschlossen – die zu nahe waren, um ihnen zu entfliehen, und zu undeutlich, um sie auszukosten –, ist, dass die Kunst ihm dieses Ideal von Einheit und Klarheit erst eingeflößt hatte.

***

Intellektuelle wie Künstler, die sich mit dem Glauben befassen, neigen dazu, die radikale, unantastbare Unschuld, die Glaube einfordert, zu unterschätzen. Wir lesen und lesen, schreiben lange, aufwendige Essays wie Briefe und führen schier endlos lange philosophische Debatten. Wir sprechen von der Dichtung als Gebet, von künstlerischer Disziplin als einer Form religiöser Hingabe und von Zweifel als der reinsten Form des Glaubens. All diese Gedanken sind nicht grundsätzlich falsch. In ihnen kann sogar eine tiefe Wahrheit stecken. Aber die Wahrheit befindet sich, so ließe es sich vielleicht ausdrücken, auf der anderen Seite der Unschuld – *für immer.* Das bedeutet, man durchläuft nicht einmal die religiöse Unschuld und erreicht die Wahrheiten der Philosophie, Theologie oder Literatur, genauso wenig wie man das Staunen der Kindheit durchläuft und die Weisheit des Alters erreicht. Unschuld bleibt für den Gläubigen der einzige Zustand, in dem intellektuelle Wahrheiten auftreten können, und Staunen ist die Voraussetzung für jegliche Weisheit.

***

Unschuldig zu sein, bedeutet, jenen Raum im eigenen Herzen zu bewahren, der früher eine leise flüsternde Stimme wahrnahm, die stärker das eigene Wesen beschrieb als den eigenen Namen und die die nötige Fähigkeit besaß, immer wieder und beständig ein wortloses, aber leuchtendes, ein nicht triumphierendes, aber dennoch absolutes Ja zu formulieren. Dieser Raum ist zu schützen, damit er einen selbst schützen kann. Man muss ihn bei sich tragen, in jeder Umgebung, in der man sich zu wohl fühlt: angesichts verführerischer Zugeständnisse und augenblicklicher Verachtung im Säkularismus, bienenstockähnlicher Sicherheiten der Kirchen, gedanklicher Labyrinthe der Theologie und einer professionellen „Seelenbildung“[16], zu der ein Leben in der Literatur werden kann. Etwas in einem selbst muss in einem selbst bleiben, stimmlos, selbst wenn man seinen innigsten Glauben, die Zweifel, die Angst, die Träume zum Ausdruck bringt.

***

Geistliche Unschuld bedeutet nicht Naivität. Ganz im Gegenteil. Geistliche Unschuld ist eine Haltung des Geistes – oder, wenn man so will, eine Herzenshaltung –, in der das Leben Gottes und ein Leben mit Gott nicht nur machbar, sondern die Conditio sine qua non aller Erkenntnis und Erfahrung wird, und zwar nicht nur langlebig, sondern auf ewig. Man schaue sich die folgenden Zeilen von Patrick Kavanagh an, der – fantasiereich oder tatsächlich – in das Land seiner Kindheit zurückkehrte:

Ich weiß nicht, wie alt ich bin,
ich habe kein sterbliches Alter;
ich weiß nichts über Frauen,
nichts über Städte,
ich kann nicht sterben,
solange ich diese Weißdornhecken nicht verlasse.
– aus „Innocence" –

Das Bedeutsame an diesen Zeilen steckt darin, dass sich der Dichter in der Welt außerhalb des Gedichts seines Alters äußerst bewusst ist, er kennt auch Frauen und Städte und weiß, dass er ganz sicher sterben wird. Er weiß das alles, weil er die „Weißdornhecken" seiner Kindheit tatsächlich eines Tages verlassen hat. Doch trotz dieses Wissens bleibt das Gedicht keine oberflächliche, nostalgische Beteuerung. Es impliziert die vernichtenden Mächte des Alterns, des Todes, des Scheiterns von Liebesbeziehungen, der industriellen Zerstörung und räumt im Kontext der linearen Zeit die eigene Unzulänglichkeit als Bollwerk gegen diese Dinge ein. Gleichzeitig jedoch verkündet es die Macht der Jugend, des Lebens, der Liebe, der Erinnerung – eine Macht, die hier paradoxerweise nur existiert, nachdem sie verloren wurde. Diese Gedichtzeilen vollständig zu erleben, bedeutet daher, gleichzeitig sowohl eine tiefe Klage von außerhalb des Gedichts als auch einen vollständigen Jubel aus seinem Inneren zu empfinden und *keinen notwendigen Widerspruch zwischen diesen beiden Wahrheiten.* Wer sein Leben retten will, muss es verlieren, so drückte es Jesus in seinen Worten aus.

* * *

Nach meiner Krebsdiagnose vor sieben Jahren ertappten meine Frau und ich uns dabei – es fühlte sich wirklich wie ein Ertappen an, dieser Anflug von Passivität und Zufall –, wie wir durch die Türen der kleinen Kirche am Ende unseres Straßenblocks traten. Drei Jahre lang war ich täglich auf meinem Weg zum Zug und zu meiner Arbeitsstelle in der Innenstadt direkt an dieser Kirche vorbeigegangen, doch ich konnte nicht einmal sagen, zu welcher Denomination sie gehörte. Ich kannte mich mit Kirchen nicht aus, geschweige denn mit dem Christentum.

Allerdings spürte ich in mir einen Bezug zu *etwas.*

Schaue ich auf manches zurück, das ich zwischen zwanzig und dreißig geschrieben habe, bestürzt mich das starke Gefühl negativer Energie. Nicht negativ im Sinne von traurig oder deprimierend (obwohl das auch enthalten ist), sondern negativ wie im heutigen wissenschaftlichen Sinne – dass etwas fehlt oder undefinierbar ist, vergleichbar einer starken Ladung, deren Herkunft unbekannt ist. „Von jeher fühlte ich Verluste –", schreibt Emily Dickinson, eine Verehrerin wie Opfer dieser Energie par excellence:

Als Erstes weiß ich noch, dass ich
verwaist war – unklar, was mir fehlte
zu jung, als dass Verdacht man schöpft

In Trauer schritt ich unter Kindern
des ungeachtet tat ich ganz
als klagt ich um ein Königreich
der einzig rausgeworfne Prinz

Bin älter heut, 'ne Runde klüger
und matter auch, wie's Klugheit ist,
noch immer bin ich sacht am Suchen
nach meinem fehlenden Palast[17]

Es gab einige Dinge, die anfingen, diese Energie zu verwandeln, ihr in meinem Leben und nicht nur auf dem Papier Gestalt zu geben. (Sie hatte zweifellos schon vorher in meinem Leben „Gestalt", aber diese war in Wirklichkeit die Abwesenheit einer Gestalt – wie ein einstudiertes Schweben im Diesseits ohne einen Glauben oder eine Hingabe an etwas und doch schlüssig genug, um einem Risiko ausgesetzt zu sein.) Ich hörte für lange Zeit – es waren mehrere Jahre – mit dem Schreiben auf, doch ohne die Dichtung und die Möglichkeit, den Druck dieser mysteriösen, lebendigen Abwesenheit freizulassen, fing es an, mich zu verzehren. Ich will nichts überdramatisieren. Ich weiß, was „Selbstmordgedanken" sind, und ich weiß, wie hilflos diese Formulierung erscheint angesichts des tatsächlichen Entsetzens, das zu benennen es versucht. Doch darauf lief es nicht hinaus. Es war eher so, dass die Welt grau für mich wurde. Ich konnte nicht einmal die einfachsten Dinge ohne große Schwierigkeiten bewältigen, selbst das Atmen fühlte sich zäh und gehindert an. Ich dachte oft und sehr intensiv an die erste Strophe des niederschmetternden Gedichts „Aubade"[18] von Philip Larkins:

Tagsüber schufte ich und sauf mich voll am Abend.
Wach um vier im stummen Dunkel auf und starre vor mich hin.
Bald wird es an den Rändern der Gardinen hell.
Bis dahin seh ich, was im Grunde stets da ist.
Den Tod, rastlos, nur näher einen ganzen Tag,
der alles Denken ausschließt bis auf dies:
wann, wo und wie ich selber sterben muss.

Das ist das Problem, nicht wahr? Der Tod? Diese absolute Linsentrübung, die aus der Distanz auf uns zukommt, wie eine Rauschstörung des Lebens, diese Ur-Verzweiflung, die all den kleinen stacheligen Irritationen und Ängsten zugrunde liegt, für die Alkohol gezielt entwickelt wurde, um sie auszulöschen.

Doch dann habe ich mich verliebt. Es geschah so plötzlich, der Riss in meinem Leben und Denken war so extrem. Vielleicht hatte ich nie, wie es heißt, die Richtige gefunden, und nun, mit 37 Jahren, hatte ich endlich Glück. Vielleicht war die gedankliche Klarheit und innere Aufrichtigkeit, die man für echte Liebe braucht, in meinem Fall immer vernebelt durch mein Bedürfnis, etwas Kunstvolles zu schaffen. Mein Leben war quasi durch die Kunst abgelenkt, und die selbst verordnete Stille befreite mich, es unmittelbarer zu spüren. Wie auch immer, als ich Danielle kennenlernte, wurde nicht nur dieser graue Schleier zwischen mir und der Welt weggerissen, sodass Farben schmerzhaft in alles zurückkehrten, sondern auch alle Einzelheiten meiner Welt schienen plötzlich im Überfluss zu existieren und dadurch mehr sie selbst zu sein. Auch wir beide waren Teil dieser Ausdehnung: Es war, als verlangte unsere Liebe danach, sich jenseits der glücklichen Intensität unserer beider Leben auszudrücken. Jahrelang ging ich davon aus, jede Liebe würde einengen, sie wäre wie ein Nullsummenspiel: Was man gibt, muss man sich vom anderen wieder nehmen. Doch das große Paradoxon der Liebe, und zwar nicht nur des Verliebtseins, ist, dass unmittelbare Nähe mit einem erweiterten Spielraum einhergehen kann. „Sich von allem einem einzigen Gesicht zuzuwenden", so drückt es Elizabeth Bowen aus, „heißt, allem von Angesicht zu Angesicht gegenüberzustehen".

Und genau das passierte. Indem ich mich selbst nach innen wandte, kehrte ich mich auch der Welt zu, die durch meine Fähigkeit, an sie zu glauben, heller wurde. Ich habe ja bereits unsere Gebete vor dem Abendessen erwähnt, die meine Frau und ich schon lange vor der Diagnose sprachen. Wie unbeholfen und unsicher wir anfangs waren, als wir nach einer Form suchten, um hauptsächlich unser Lob auszudrücken, um ein Gefühl des Seins – oder das Sein selbst – zu empfangen. Ich denke oft an diese ersten, flüchtigen, unschuldigen Schritte in punkto Gebet zurück. Sie waren das Leuchtfeuer und Bollwerk, als die völlige Verzweiflung kam.

***

Diese Kirche am Ende unseres Blocks gehörte zur „United Church of Christ" (Vereinigte Kirche Christi). Der Kirchraum war klein, schön und weniger als zur Hälfte gefüllt mit einer Mischung aus alten deutschen Einwanderern, einigen Hipsters sowie vornehmen Eltern und ein paar Leuten, die einem vorkamen wie obdachlos oder auf dem besten Weg dorthin. Der Pastor hatte eine authentische Ausstrahlung. Groß, schlagfertig, deutlich belesen und definitiv nicht der Typ Mensch, den man als Leiter einer ums Überleben kämpfenden kleinen Stadtgemeinde erwartet. Auch der Gottesdienst war eine Überraschung. Nachdem er die Schwulen und Lesben begrüßt hatte, sprach der Pastor inspirierend über die Kirche als einen Ort, an dem persönliche wie kollektive Bedürfnisse und Gefühle versöhnt werden. Seine Predigt war ebenso witzig und unterhaltsam wie theologisch anspruchsvoll und Unbehagen bereitend. Ihre Kernaussage war, wie die Leere Gottes und die Liebe Gottes im Geheimnis des Kreuzes zusammenfinden. Ich verstand diesen Gedanken damals nicht wirklich, aber ich fühlte mich, ebenso wie Danielle, durch das kontemplative Nachdenken darüber eigenartig erleuchtet. Wir füllten später eine Besucherkarte aus, aber um auf Nummer sicher zu gehen, huschten wir durch die Seitentür hinaus, um nicht mit dem Pastor sprechen zu müssen.

Doch schon am nächsten Morgen hatte der Pastor mir eine E-Mail geschrieben. Wir führten ein interessantes Gespräch über Kirchen, die eigene Herkunft und Dichtung. Ich verriet ihm, dass ich „gesundheitliche Probleme" habe, mehr nicht. Er sagte, er hoffe, uns wiederzusehen, wenn nicht in der Kirche, dann wenigstens in der Nachbarschaft, da er und seine Familie im Pfarrhaus wohnten, also nur wenige Häuser von uns entfernt. Das war alles.

Derweil waren meine Tage manisch und diffus, meine Nächte schlaflos und qualvoll. Wir fuhren zu einem Spezialisten nach Boston, damals war er der Einzige in Nordamerika, der über meine spezielle Krankheit forschte. Er jagte uns Angst ein, als er darüber spekulierte – unverantwortlich, wie es mir heute scheint –, dass meine Symptome darauf hindeuteten, dass der Krebs schon zu Amyloidose in meinem Herzen geführt haben könnte: ein Todesurteil.

Unter dieser Wolke bewegte ich mich an einem strahlenden Wintermorgen, etwa eine Woche nach dem E-Mail-Kontakt mit dem Pastor, als ich auf der Straße meinen Namen hörte. Ich drehte mich um und sah den Pastor leicht laufend auf mich zukommen, während er versuchte, ein Flanellhemd über sein T-Shirt zu ziehen, und aufpassen musste, dass er nicht über seine offenen Schnürsenkel stolperte. Ich war nicht in Plauderstimmung, schon gar nicht mit einem enthusiastischen Pastor. All meine Gedanken waren ablehnend. Trotzdem blieb ich stehen, wir stellten uns noch einmal einander vor, während er sich die Schuhe schnürte. Dann fragte er, ob er mich zum Bahnhof begleiten könne. Ich erinnere mich nur noch schleierhaft an Tage aus dieser Zeit, doch an zwei Dinge an diesem Morgen erinnere ich mich sehr deutlich. Ich erinnere mich, dass Matt sich bemühte, eine Sprache zu finden, die seinem eigenen Glauben und seiner Berufung treu blieb und doch gleichzeitig der Tragödie und Glaubenslosigkeit – der Tragödie *der* Glaubenslosigkeit –, die er in mir wahrnahm, gerecht wurde. Und ich erinnere mich an den unsicheren Moment, als wir uns verabschiedeten und die Schwere meiner Situation und unsere fehlende Vertrautheit uns wortlos machten. Mit einer Geste, die, wie ich sicher bin, völlig unbewusst war, legte er nur für eine Sekunde die Hand auf sein Herz, während ein mitfühlender Schmerz in sein Gesicht trat. Das berührte mich durch und durch. Es durchschnitt die Wolke, unter der ich lebte, und ließ mich den Balsam dieses unscheinbaren Tages spüren. Das war, davon bin ich überzeugt, einer jener Momente, in denen wir eine Gnade und ein Geheimnis ausleben und erfahren, die größer sind als wir selbst – wenn die Leere Gottes und die Liebe Gottes, unvorstellbarer Schmerz und der Friede, der all unsere Vernunft übersteigt, in einem einfachen mitmenschlichen Akt zusammenfinden. Dann standen wir beide für eine Minute da, wortlos, und gingen anschließend unserer plötzlich nicht mehr so getrennten Wege.

* * *

Als ich jung war, herrschte unter den Gläubigen, die ich kannte – und ich kannte niemanden, der nicht gläubig war –, die Vorstellung, es sei nötig, um Gottes Gegenwart zu erfahren, Gott ständig zu suchen. Dass unser geistliches Gespür das gleiche regelmäßige

Training erfordere wie die Muskeln des Körpers. Die große Angst bestand also nicht darin, Gott würde sich zurückziehen, sondern dass die eigene Fähigkeit, ihn wahrzunehmen, verkümmere. Daran denke ich immer, wenn ich Menschen sagen höre, sie würden nicht die geringste religiöse Erfahrung machen, oder wenn ich Gläubige oder Möchtegern-Gläubige traurig wie frustriert klagen höre, dass sie noch nie von Gott absolut überwältigt waren. Ich möchte dann immer fragen: Wirklich? Du hast dich nie von einer Erfahrung in deinem Leben überwältigt und dich in gewisser Weise ihr gegenüber unwürdig gefühlt, du hast nie gefühlt, dass etwas in dir einen Anspruch über dich selbst hinaus erhebt, ein schier wortloses Geheimnis, das sich durch Worte bemüht, dich zu erreichen? *Nie?* Religion besteht nicht aus solchen Momenten. Religion ist vielmehr das Mittel, um diese Momente zu einem Teil des eigenen Lebens werden zu lassen, statt sie nur als ein radikales Eindringen zu spüren, das so fremd und vielleicht sogar Furcht einflößend ist, dass man danach nicht einmal imstande ist, ihr Geschehen anzuerkennen. Religion ist das, was man aus solchen Momenten des Überwältigtseins im eigenen Leben *macht,* diesen seltenen Momenten, in denen man vollkommen unschuldig ist. Sie ist ein Mittel, um etwas zu bewahren und zu ehren, das letztendlich über die Bestandteile einer spezifischen Religion, die man praktiziert, hinausgeht.

***

Oh, Hunger

Wo alle Münder des Verlangens haben und keiner
bereit ist, gegessen zu werden: Ich bin so froh,
dass ich durch Zufall am Ende

einer qualvollen Straße auf mich selbst stoße
und überrascht feststelle, dass Gott
unangebetet zum Zwecklosen verwelkt.
– Patrick Kavanagh, aus „Auditors in" –

***

Die Frustration, die wir empfinden, wenn wir versuchen, Gott zu erklären oder zu rechtfertigen, ob vor uns selbst oder vor anderen, ist ein Symptom der Erkenntnis, losgelöst von Unschuld, von Worten, in denen keine Stille herrscht, und von Glauben, der vollständig auf einer menschlichen Ebene geschieht. Unschuld aber bringt uns zum ersten Rufen Gottes zurück, zu jenem Moment unseres Lebens, als wir vor Ehrfurcht, Furcht und Staunen verstummten. Ohne ihn gäbe es keinen Sinn, für Gott zu argumentieren und andere zu überzeugen, da wir selbst nicht überzeugt wären.

***

Die geistliche Wirksamkeit aller Begegnungen wird durch die Menge an persönlichem Ego, die im Spiel ist, bestimmt. Wenn sich zwei Menschen treffen und leidenschaftlich über theologische Themen verschiedener Meinung sind, sich aber, schweigend oder anderweitig, einig sind, dass Gottes Liebe die menschliche Liebe schafft und erhält und dass alles andere, was über Gott vielleicht gesagt wird, dieser Wahrheit untergeordnet ist, dann kann selbst aus einer scheinbar großen Reibung ein Friede entstehen, der – auch wenn er den Disput vielleicht nicht beendet, weil keine Seite von der Position der anderen „überzeugt" ist – trotzdem die eigene Vorstellung von und die Beziehung zu Gott berührt und nährt. Ohne eine solch radikale Offenheit sind alle Diskussionen über

Gott nicht nur sinnlos, sondern schädlich, da jede Person einer niedrigeren Vorstellung von letzter Wahrheit hörig ist und nicht Liebe, sondern eine Lehre vertritt, nicht Gott, sondern sich selbst.

***

Ich habe in den letzten Jahren so viel Theologisches gelesen, aber in Gesprächen mit anderen Christen wird mir ständig bewusst, dass ich in gewisser Weise gehemmt bin, wenn ich versuche, meine Vorstellungen von Gottes Wesen, von der Bedeutung des Kreuzes, der Stellung des christlichen Glaubens in Bezug auf andere Religionen etc. zu beschreiben. Es ist nicht so, dass diese Gespräche nicht produktiv wären, aber ihr Nutzen besteht, zumindest für mich, unausweichlich darin, den Kontakt zu einem anderen gläubigen Menschen zu haben, statt irgendeine neue Erkenntnisgrundlage zu gewinnen. Ich bin deswegen nicht mehr so frustriert wie früher. Vielleicht habe ich also in den ganzen Jahren, in denen ich mich gezwungen habe, meine Position zur Dichtung zu formulieren, in denen ich mir eingeredet habe, dass ich *wüsste, was ich will,* etwas gelernt. Vielleicht ist der Bezug zwischen Theologie und Glauben ungefähr der gleiche wie zwischen dem Beherrschen einer Kunst und dem Schaffen kreativer Kunst: Man muss sein Wissen gleichzeitig sowohl vollkommen besitzen als es auch vollkommen vergessen, um zu etwas zu gelangen, das darüber hinausgeht.

***

Zu sagen, man müsse in Ungewissheit leben, kommt nicht einmal annähernd an die schwache, unsichere Natur des Glaubens heran. In der Minute, in der man anfängt, mit Gewissheit über Gott zu sprechen, ist er fort. Wir bewundern und loben Menschen dafür, wenn sie einen großen Glauben haben, aber Stärke ist nur ein Teil dieser physischen Metapher: Man braucht auch *Flexibilität*.

***

Ich sage mir, dass ich kein Problem damit habe, an Gott zu glauben – sofern „Glaube“ als eine vollständiges, inneres Zustimmen zu einem Leben definiert werden kann, das sowohl über dieses Leben hinausgeht als auch in ihm ist –, sofern „Zustimmen“ als gleichzeitig aktiv und unbewusst verstanden werden kann, sofern „Gott“ auf mysteriöse Weise sowohl dieses Tun als auch sein Objekt ist und sofern dieser Satz nach all diesen Einschränkungen noch irgendeinen verdammten Sinn ergibt. Offensichtlich habe ich so etwas wie ein „Problem“. Dichtung, Fiktion und meditative oder mystische Autoren im Stil von Thomas Merton, Meister Eckhart, Simone Weil – das alles reizt mich am Glauben, lässt mich Gottes Anspruch auf mein Sein fühlen, der viel stärker ist als das „Ich“, das *Glauben* braucht – jenes „Ich“, für das der Glaube Doktrin statt Identität ist („Gott ist mir näher, als ich mir selber bin“, wie Augustinus es ausdrückte). Knallharte Theologie hingegen lässt mich kalt, selbst wenn – vielleicht *besonders* wenn – sie mich überzeugt. Ich weiß nun wirklich nicht, ob ich etwas Wesentliches beschreibe über die Weise, wie wir Gott kennen, oder ob ich einfach nur die eigene Schwäche meines Geistes beschreibe.

***

Hiersein ist herrlich. Ihr wußtet es, Mädchen, ihr auch,
die ihr scheinbar entbehrtet, versankt –, ihr, in den ärgsten
Gassen der Städte, Schwärende, oder dem Abfall Offene.
Denn eine Stunde war jeder, vielleicht nicht

ganz eine Stunde, ein mit den Maßen der Zeit kaum
Meßliches zwischen zwei Weilen –, da sie ein Dasein
hatte. Alles. Die Adern voll Dasein.
Nur, wir vergessen so leicht, was der lachende Nachbar
uns nicht bestätigt oder beneidet. Sichtbar
wollen wirs heben, wo doch das sichtbarste Glück uns
erst zu erkennen sich giebt, wenn wir es innen verwandeln.

– Rainer Maria Rilke[19] –

In Ordnung, aber was heißt es, diese Momente intensiven inneren Verständnisses für die Welt und die Erfahrung zu verwandeln? Ich denke, es kann nur bedeuten, dass wir sie mit uns in das Chaos unseres Lebens zurücknehmen, dass wir zu ihnen zurückkehren nicht als vor der Erfahrung Flüchtende, sondern als ihre Anhänger. Dass wir lernen, unsere Momente (oder den Moment, vielleicht gab es nur einen, oder es wird immer nur einen einzigen geben) klar-geistlicher Existenz in Begriffen des ganzen Lebens zu verstehen, das eben nicht so offensichtlich ist, und umgekehrt genauso.

Der Kunstkritiker Edgar Wind warf Rilke einmal vor, „ein emotional unbeflecktes Gefühl für Form" zu haben, und meinte damit, dass Rilke perfekte Artefakte schuf, in denen es um Erfahrungen zu gehen schien, die er selbst nie ganz erlebt hatte. Die Perfektion der Form an sich hing von der Distanziertheit des Künstlers ab, aber laut Wind könne man diese Distanziertheit immer innerhalb der Perfektion fühlen. Die Form wurde nicht kompromittiert – sie war perfekt –, aber das Gefühl.

Es ist gewiss möglich, ein emotional unbeflecktes (das heißt einsames) Gefühl für geistliche Erfahrungen zu haben, um geistliche Erfahrungen sogar genau deswegen zu schätzen: Dieses Gefühl nimmt einen aus dem Chaos des ganz gewöhnlichen Bewusstseins heraus, aus den Bedürfnissen und Anforderungen anderer

Menschen, dem schmutzigen Geschäft menschlicher Liebe. Doch man begegnet darin auch einer Sackgasse. Zwar ist Einsamkeit ein wesentlicher Bestandteil jedes lebendigen geistlichen Lebens, aber eine geistliche Erfahrung, die *nur* einsam ist, führt unausweichlich in die Verzweiflung.

Doch ich möchte Rilkes Kernaussage in der siebten Duineser Elegie nicht aus den Augen verlieren: Geistliche Erfahrungen müssen in uns verwandelt werden, eine schwere Arbeit des In-sich-Seins muss geschehen, des Bewusstseins, ehe diese Erfahrungen für den Rest unseres Lebens verfügbar werden. Und ich möchte nicht darauf eingehen, dass Rilke selbst dabei versagte. Erstens können wir in dieser Hinsicht niemand anderen als uns selbst beurteilen und zweitens schrieb Rilke später in seinem Leben in einem Brief an Ilse Jahr:

Das Fassliche entgeht, verwandelt sich, statt des Besitzes erlernt man den Bezug, und es entsteht eine Namenlosigkeit, die wieder bei Gott beginnen muss, um vollkommen und ohne Ausrede zu sein. Das Gefühlserlebnis tritt zurück hinter einer unendlichen Lust zu allem Fühlbaren ..., die Eigenschaften werden Gott, dem nicht mehr Sagbaren, abgenommen, fallen zurück an die Schöpfung, an Liebe und Tod.[20]

* * *

Mich beschäftigt Rilkes Satz aus der siebten Duineser Elegie: „*Nur, wir vergessen so leicht, was der lachende Nachbar uns nicht bestätigt oder beneidet.*“ Was hat es mit diesem „lachenden Nachbarn“ auf sich? Wir haben sicher alle schon die Erfahrung gemacht, dass eine intensive innere Wahrnehmung durch ein Nichtreagieren in unserer Umgebung, durch reine Gleichgültigkeit, Ernüchterung erfuhr. (Streitlustiger Zorn oder eine Art pingelige Logik – beispielsweise die „Neuen Atheisten" – sind da leichter zu ertragen. Das ist zwar genauso nutzlos in Bezug auf das Verstehen und Bewahren der eigenen Erfahrung, aber leichter zu ignorieren und hinter sich zu lassen.) Aber der lachende Nachbar, der verletzt uns. Und das geschieht deshalb, weil jeder echte Impuls des In-sich-Seins einen kleinen Antrieb zurück in die Welt und zu anderen Menschen enthält. Wie ich es bereits gesagt habe, so findet man die Wahrheit geistlicher Erfahrungen heraus: Sie drängen einen zurück in die Welt und zu anderen Menschen und nicht bloß noch tiefer in sich selbst hinein. Einem ausdruckslosen Glauben, einer solchen Gleichgültigkeit, die nicht einmal das Niveau des Widerstands erreicht, ist einer der schwächenden Einflüsse, durch die wir uns einen Weg bahnen müssen. Und zwar ohne unser Ego. Ohne uns selbst für überlegen zu halten, denn wir kennen nicht alle Wege, auf denen sich Gott zeigt, oder warum einige Menschen in unserem Leben, selbst einige, die wir sehr lieben, gegenüber diesem In-sich-Sein immun zu sein scheinen. Vielleicht sind wir die Schwachen, und Gott kommt nur deshalb in unser Inneres, weil wir es verpasst haben, ihn in dem weinenden Kind, ihn in dem Nagel, der ins Holz getrieben wird, ihn in dem ganz gewöhnlichen Sonnenaufgang zu sehen, was schon allein für sich genommen ausreichend Gebet und Anbetung ist.

* * *

Es lässt sich kein sauberer intellektueller Zusammenhang, keine abstrakte letztliche Bedeutung finden, und erkennt man das nicht, wird der Drang, eine solche Gewissheit zu finden, zu seiner eigenen Strafe. Diese Erkenntnis bedeutet nicht das Ende der Theologie, sondern vielmehr ihren Anfang: Traue keiner Theorie, keiner religiösen Geschichte und keinem Glaubensbekenntnis, in welchen der persönliche Glaube des Verfassers nicht aktiv gefährdet ist.

* * *

Man erkennt den Wert des eigenen Zweifels an der Qualität der Unruhe, die er in einem hervorruft. Entspricht sie einer wütenden, sich um sich selbst drehenden Art von Angst, die sich durch sich selbst ernährt und nie in irgendeine Richtung weiterzugehen scheint? Entspricht sie einem unbeugsamen Zwang, Dinge anzufechten, selbst die verklärtesten Erfahrungen, ob nun die eigenen oder die anderer, indem sie stets nach einer rationalen oder „psychologischen" Erklärung sucht? Oder einer fast religiösen Hingabe an den Zweifel an sich, einer Gewissheit, dass absoluter Zweifel die höchste Form von Glauben ist? All diese Einstellungen haben etwas Statisches und Fesselndes an sich. Ehrlichen Zweifel, den ich persönlich andächtigen Zweifel nennen würde, kennzeichnet, wie mir scheint, drei Dinge: *Demut*, die es einem unmöglich macht, die eigene Haltung zu feiern; *Unzulänglichkeit*, die es einem unmöglich macht, sich auszuruhen; und *Mystisches*, das einen selbst in deprimierenden Momenten nach oben – oder wenigstens hinaus – zieht. Solcher Zweifel ist schmerzhaft – schmerzhafter sogar als jede der anderen Formen –, doch dieser Schmerz ist aktiv und nicht passiv, reinigend und nicht blamierend. Und tief unter ihm, egal, wie schwer die Dürre auch ist, wie gründlich die Skepsis den Boden der Seele versalzt zu haben scheint, schlägt Glaube, beständiger Glaube, unablässig seine Wurzeln.

* * *

Die Evangelien weichen in ihren Beschreibungen von Jesu Auferstehung und den anschließenden Begegnungen, die er mit Menschen hatte, ziemlich stark voneinander ab, aber in einem Punkt stimmen sie überein: Viele seiner Nachfolger zweifelten an ihm, manchmal sogar dann, wenn er ihnen in die Augen sah. Das sollte all denjenigen, die Glauben suchen, Mut machen. Wenn seine Jünger nicht nur die Berichte aus erster Hand über Jesu Auferstehung anzweifelten, sondern sogar die Tatsache, dass Jesus selbst vor ihnen stand, dann hat Zweifel eindeutig wenig mit dem Abstand zu Ereignissen zu tun. In gewisser Weise ist der Zweifel selbst sogar der Same des Christentums, gepflanzt in das Herz dessen (*Mein Gott, mein Gott, warum hast du mich verlassen?*), der gleichzeitig unser Gott und unser bestes Selbst ist, und er muss erschreckend und auf wundersame Weise aufgerissen werden, um zu einem lebendigen Glauben aufzublühen.

Aber wie geschieht das? Auch hier sind die Berichte der Evangelien hilfreich. Genauso wie einige Nachfolger Jesu des ersten Jahrhunderts die Gegenwart des auferstandenen Christus nicht glauben konnten, bilden unsere eigene Blindheit, Gewohnheit und Angst eine Art ständigen Nebel, der uns hindert, die Formen, die die Gnade in unserem täglichen Leben annimmt, zu sehen und dadurch an sie zu glauben. Wir denken vielleicht, dass es viel leichter wäre zu glauben, wenn die Welt um uns herum aufbräche, wenn ein Erlöser herabkäme und uns als Beweis die blutigen Narben in seiner Seite zeigte, aber die Evangelien legen nahe, dass das nicht nur Wunschdenken, sondern bewusste Blindheit ist, denn die Welt *bricht* um uns herum auf. Jesus *zeigt* uns sehr oft die Narben in seiner Seite. Was wir dann Zweifel nennen, ist oft einfach die Trägheit unseres Geistes und Verstandes, gar nicht das Fehlen von Glauben an sich, sondern vielmehr ein Glaube, der im Leben, das wir nicht als solches führen, schlummert – Gott, der in der Welt schläft, der wir nicht unser Bestes geben.

***

Ja, aber … das Aufwachen und das Schlafen, der ganze Wust an E-Mails und Terminen, das wenig aufregende Leben, das einen großen Teil des Lebens ausmacht. Selbst wenn es Momente mit besonderer Wirkung gibt, die uns davon zu befreien scheinen, würde jede geistliche Reife gewiss ein Anerkennen einfordern, dass es kein wunderbares, verklärendes Eindringen in die Realität gebe. Der Himmel wird sich nicht verdunkeln und die Toten werden nicht sprechen; keine Stimme aus dem Himmel wird uns polternd zu einem präreflektierten Glauben zurückholen, noch wird man, außer im Tod, ein läuterndes Feuer fühlen, das alles Bewusstsein wie einen Nebel von Gottes rohem Angesicht wegbrennt. Ist der Glaube dann – vorausgesetzt, er ist nicht nur eine Form der Resignation oder des Leugnens – eine Art Versöhnung mit der unversöhnlichen Tatsache der materiellen Substanz oder ist er ein tiefer, letzter Widerstand gegen sie? Beides. Und auch wieder nicht. Glauben zu haben, heißt, die absolute Substanz, die absolute Materialität der Existenz anzuerkennen und gleichzeitig den Drang nach einem verklärenden Zustand anzuerkennen, der nicht außerhalb der Dinge, sondern in ihnen und in uns zu sein scheint. Keine Idee, die der Welt auferlegt wird, sondern ein lebendiger, antwortender Instinkt.

Auf dem Weg von der Arbeit nach Hause, irritiert von meiner eigenen Geschäftigkeit und dem Gefühl verschwendeter Tage, mich durch Fremde schiebend, die sich auf der Michigan Avenue und in den Fensterfassaden in einen fließenden Strom vermischen, haste ich gedanklich an den entzückten Augen und dem unverwesten Gesicht meiner verstorbenen Großmutter vorbei und bin gleichzeitig erhellt wie verloren. In einer Gremiumssitzung, zum Vergessen gelangweilt, höre ich einen Füller wie einen Fingernagel an einer Zellenwand kratzen, sehe Gläser schwitzen, als wollte sogar das Wasser in ihnen hinaus, als plötzlich auf der Mitte des langen Tisches das Licht aus einem glockenförmigen Krug eine Glocke bildet, die an keinem Ort auf dieser Erde läutet. Es sind nur Momente, doch ich bin mir in ihnen meiner selbst bewusst, und somit bin ich außerhalb von ihnen, aber etwas im Akt dieser Aufmerksamkeit stört die Tyrannei des Gewöhnlichen, als würde die Welt, die ich anschaute, mich anschauen; als würden das verlorene Gesicht und die lebendige Menschenmenge, die geräuschlose Glocke und der Geist, in dem sie läutet, als würde dies alles nach einem Ende verlangen – und eine nicht zu leugnende Hoffnung darauf ausdrücken.

***

Und jetzt zweifle ich an der Prämisse, mit der ich begonnen habe: dass die Kunst die Quelle meines Instinkts zum Einssein ist und nicht – wie die Theologie, die ich gelesen habe, wie die Bibel, wie diese viel zu ungenügenden Fragmente – ein Mittel, um diesen Instinkt zu bewahren und zu ehren. Ich misstraue jenen Skeptikern, die keinen geistlichen Anteil in ihre verklärtesten Erfahrungen lassen, weil ich so leicht und so oft einer von ihnen bin und aus meinen eigenen wunderbaren Momenten hinaustrete, um zu prüfen, zu analysieren, zu erklären.

Nach seinem Bekenntnis fühlt er sich genötigt,
auf die Knie zu gehen und um Vergebung
für seinen Stolz zu beten, weil er
es wagte, seine Seele von außen zu besehen.
– aus „Having Confessed" –

Wieder Kavanagh. Und darum geht es wirklich: dass die Verbindung nicht zerbrochen wird, dass jedes intellektuelle Wachstum in dieser früheren Erfahrung äußerster Erkenntnis, äußerster Unwissenheit, verwurzelt bleibt und dass jedes Wort über Gott sowohl auf das Schweigen, das seine Quelle ist, antwortet, als auch dafür verantwortlich ist. Für alle, bis auf die heiligen Narren unter uns, ist das rationale Denken – beziehungsweise die Seele „von außen" zu besehen – unausweichlich, ob durch Theologie, Philosophie, Wissenschaft oder einfach die Erzählungen, mittels derer wir unser Leben beschreiben und verstehen. Aber was für ein Verständnis könnte leerer sein als eines, das die Momente schmälert oder gar auslöscht, die das Verständnis überhaupt erst unentbehrlich machte? Welche Übung könnte fragwürdiger sein, als zu erlernen, jeden logischen Fehler in dem Licht, das dich einst beherrscht hat, zu sehen?

***

Oh, unverschlissene Welt entzücke mich,
fange mich ein in einem Netz aus fabelhaftem Gras
und ewigen Stimmen einer Buche.
Sättige die klaffende Not meiner Sinne.
Gib mir, spontan unbefangen mit überfließender Sprache zu beten,
denn diese Seele braucht ein neu gewebtes Gewand
aus grünen und blauen Dingen und Argumenten,
die niemand beweisen kann.

– Patrick Kavanagh, aus „Canal Bank Walk" –

LIEBES VERGESSENSEIN

Ich habe mich beim Beten nie wohlgefühlt. Ich habe immer das Gefühl, ich sollte die Worte in Anführungszeichen setzen, da ich nie ganz sicher bin, ob das, was ich tue, diese Bezeichnung verdient. Ich habe eine kleine Litanei an Begriffen, in der ich mich bewege – *danke, hilf mir, sei bei, vergib* –, aber hauptsächlich versuche ich einfach (einfach!), mich der Möglichkeit Gottes unterzuordnen. Ich spreche Gott an, *als ob*.

„Wir müssen an den wirklichen Gott glauben, auf jede Art und Weise", sagt Simone Weil, „außer dass er nicht existiert, da wir den Punkt noch nicht erreicht haben, an dem er existieren könnte." Ich verstehe das nicht so, dass Gott, wenn wir einen gewissen Zustand erreicht haben, der ihm würdig ist, wie ein Flaschengeist plötzlich auftauchen würde. Vielmehr, so denke ich, will Weil sagen, dass die Anbetung Gottes, für moderne Gläubige, es mit sich bringt, das Innewohnen der Elemente unserer Existenz zu erlernen – statt einfach mit Dogmen oder wörtlichen Bibelstellen zu lärmen –, die Gottes Existenz gegenüber nachteilig sind: Begrenztheit, Eventualität, Leiden, Tod.

Zeitgenossen, deren Leben von einem suchenden, kritischen geistlichen Fokus gekennzeichnet ist – ob sie nun wankelmütige Gläubige, von Gott heimgesuchte Agnostiker oder gar die Neo-Atheisten sind, die sich allein schon durch ihre Gier verraten –, neigen dazu, davon besessen zu sein, *ob* es Gott tatsächlich gibt.

Was Weil ausdrückt, ist, dass dies nicht nur irrelevant ist, sondern eine Irreführung: Gott existiert losgelöst von unseren Vorstellungen, losgelöst davon, was es heißt zu existieren, und es gibt einen Sinn, in dem wir unserer drängendsten existenziellen Frage entwachsen müssen, bevor sie beantwortet werden kann.

Religion tritt immer am Rand dessen in Erscheinung, was Menschen wissen. Und da dieser Rand immer weiter ins Unbekannte geschoben wird, da sich unsere Reichweite bis zum Weltraum und zum Atom und sogar zur Chemie unserer eigenen Bedürfnisse und Sehnsüchte ausgedehnt hat, nehmen einige an, Existenz wäre letztendlich mit dem Verstand erfassbar. Das verstößt nicht nur gegen Jahrhunderte menschlicher Erfahrung und dupliziert die Selbstüberschätzung, die uns in der Vergangenheit so oft zum Verhängnis wurde, sondern, was viel entscheidender ist, es verletzt und entweiht sogar die intimsten, äußersten Erfahrungen unseres Lebens.

In jedem Leben gibt es Momente, in denen man von der Realität überwältigt ist, und zwar im „positiven" Sinne, obwohl es auch gleichsam Leiden geben kann. Genauer gesagt, man ist überwältigt, weil die Realität über ihre Grenzen tritt. Das kann passieren, wenn man sich verliebt oder wenn die anfängliche, zunichtemachende Bestürzung ein wenig abflaut und die Welt nach einer düsteren Diagnose wieder deutlicher und klarer wird. Es kann geschehen, wenn die Ewigkeit in der Form des ersten eigenen Kindes schreiend und unvorstellbar geliebt in die Zeit eintritt. Es kann sogar – wenn auch weitaus weniger dramatisch und offensichtlich, jedenfalls für mich und bis jetzt – im Gebet geschehen. In solchen Momenten ist es nicht nur so, als würden wir plötzlich in der Realität etwas wahrnehmen, das wir zuvor nicht wahrgenommen haben, sondern als würden wir selbst wahrgenommen werden. Es ist, als richteten die interstellaren Räume und all die zufälligen Atome, in die wir uns eines Tages auflösen, eine Art unvorstellbare, aber vollkommen verständnisvolle Aufmerksamkeit auf uns. Es ist, als flüstere Vergessensein in unsere Ohren.

Das ist ein Aspekt von Gottes Wesen, das unendliche Innewohnen in den konkreten, atomaren (in jedem Sinne dieses Wortes) Einsichten, die unser Wesen offenlegen und uns in etwas einbinden, das größer ist als wir selbst, selbst wenn all dies uns in die brutale Realität zurückwirft: die tägliche Verantwortung für ein Kind oder die Verhaltensweisen in der Ehe, das Entsetzen und der Widerwillen über eine andauernde Krankheit oder einfach der hohle Klang der eigenen Stimme beim Versuch zu beten. Ich nehme an, es ist möglich, aus diesen Momenten eine Art geistliches Leben zusammenzustricken, da diese Momente Verbindungen zu und mit der Erde wiederherstellen; sie treiben einen in der Zeit wie in den Beziehungen voran. Für mich jedoch hat ein solch geistliches Leben etwas zu Unausgereiftes und Sporadisches: eine Hingabe, die nur an diesen seltenen Intensitäten hängt, erscheint mir wie eine Gedächtnisdisziplin. Zwar eine wesentliche Disziplin, aber eine, die das Sein hauptsächlich in der Schwebe und das Leben als ein langes Warten auf Gott erscheinen lässt, der nur in emotionalen Extremen erfahrbar ist und dann auch nur durch eine Art zartes Vergessensein.

Zurück zu Simone Weil. Wenn ein Teil dessen, wozu sie ermutigt, implizit und passiv ist, ein Loslassen der am weitesten entwickelten Kapazitäten unseres Verstandes, um weitere Kapazitäten unseres Verstandes zu erkennen, ist ein anderer Teil – tatsächlich der *erste* Teil – explizit und sehr aktiv: „Wir müssen an den wirklichen Gott glauben, auf jede Art und Weise." Es gibt natürlich viele Möglichkeiten, das zu interpretieren, und religiöse Gemeinschaften werden bis zum Ende der Tage darüber streiten, wer tatsächlich der „wahre Gott" ist. Aber für Weil ist eines klar: An Gott zu glauben, ist eine praktische Angelegenheit, ein physischer Akt, der in jedem

Moment erneuert wird (oder nicht). Für Christen – zu denen Weil meiner Meinung nach zu zählen ist, obwohl sie sich verständlicherweise (bezeichnenderweise?) nie ganz überwinden konnte, sich taufen zu lassen und formell in eine Kirche einzutreten – bedeutet das, an einen Gott zu glauben, der nicht losgelöst von der materiellen Substanz (oder nicht nur das) ist, sondern ein Teil von ihr, ein Gott, der uns nicht nur auferlegt, uns vollständig auf das Leben und auf die Beziehungen in unserem Leben einzulassen, sondern ein Gott, der diesen Beziehungen *vollständig* innewohnt.

Denn das ist ein weiterer Aspekt von Gottes Wesen: die menschliche Natur, verkörpert in und erlitten durch Christus.

– denn Christus spielt an zehntausend Orten,
schön in Gliedern und schön in Augen, die nicht sein sind,
für den Vater durch die Gesichter der Menschen.
– Gerard Manley Hopkins –

Trotz der Intensität unserer meditativen Momente, trotz der Notwendigkeit „mystischer" Erfahrungen, die nie ganz in Worte des gewöhnlichen Lebens übersetzt werden können, solange unser Glaube nicht in unserer täglichen Realität verwurzelt und von ihr untrennbar geworden ist, können uns diese Momente und Erfahrungen genauso leicht ruinieren wie retten, da wir ihnen nicht gewachsen sind: Sie klagen die Milde an, mit der wir durch unsere Tage treiben. Das Mysterium jener Momente in unserem Leben ist, dass es in gewisser Weise kein Mysterium gibt. Das heißt, die immense, unfassbare, mystische Realität, die uns überwältigt, steckt auch in dem konkret leidenden, manchmal viel zu greifbaren Gesicht direkt vor unseren Augen.

Als ich eines Tages zur Mittagszeit in eine kleine Kirche in der Nähe meines Büros ging und wieder einmal betete, während ich mich fragte, wie und warum und zu wem ich betete, kam ein Mann in die Kirche und setzte sich in die Bank direkt neben mir auf der anderen Seite des Mittelgangs. Da wir die einzigen beiden Menschen in der Kirche waren, erschien mir die Wahl seines Sitzplatzes sonderbar und irritierte mich. Innerhalb weniger Minuten war jeder Gedanke an Gott ersetzt durch die ständigen Bewegungen dieses Mannes und sein mühevolles Seufzen. Als ich schließlich verärgert aufstand, erhob er sich auch sofort und schaute mich an. Er hatte dieses gegerbte Äußere langer Armut, das skelettartig Kantige langer Abhängigkeit und diese undeutlich aggressive Erniedrigung, die das Wesen der Barmherzigkeit wirklich prüft. Sehr schlau, stellte ich fest und bestand die Prüfung nicht, noch während ich meine Brieftasche öffnete: diese kleine Kirche zu seinem Revier zu machen, den Betenden aufzulauern! Danach fand ich tagelang keine Ruhe – nicht wegen ihm, sondern wegen der Situation, die, wie ich schließlich erkannte, genau das Problem war: Wie leicht sich eine fatale Selbstgefälligkeit selbst in die Taten einschleicht, die wir als Disziplin unternehmen, und wie selbstzufrieden wir mit unserem eigenen intellektuellen und geistlichen Unbehagen werden können. Und all das, *während ich mich fragte, wie und warum und zu wem ich betete?* Ich hatte das Gefühl, als hätte Gott da zu mir gesagt, als hätte *Christus* zu mir gesagt (und das auch noch in einer Kirche): Erhebe dich von deinem mystifizierten Hintern und *tu* etwas.

EIN HAUFEN VOLLER UNRUHE

Es ist Zeit, dass der Stein sich zu blühen bequemt,
dass der Unrast ein Herz schlägt.

– Paul Celan, aus „Corona" –

***

Beim Abendessen mit Freunden kommt das Gespräch wie so oft in diesen Tagen auf das Problem der inneren Unruhe: wie sie alles verzehrt, wie die Techniken, die wir entwickelt haben, um Zeit zu sparen und dadurch innere Unruhe zu reduzieren, nur die Qualität der Erstgenannten degradiert und die der Letzteren verschlimmert hat; dass wir alle „ruhiger werden" müssen, bevor wir implodieren. Jeder hat irgendein Linderungsmittel – Tennis, Yoga, donnerstags eine Massage –, aber allein schon das Absondern dieser Aktivitäten vom normalen Leben verrät, in welchem Ausmaß diese Linderung nur vorübergehend ist (wenn überhaupt: ein paar von uns geben zu, dass unsere „Erholungsaktivitäten" die gleiche schwelende, fast besessene Panik enthalten wie der Rest unseres Lebens). Unserem Gespräch haftet etwas Kreisendes und Statisches an. Es endet weniger, als dass es unklar versandet. Und obwohl immer ein gewisser Trost darin liegt, Krankheiten miteinander zu vergleichen, bleibt das unbehagliche Gefühl zurück, dass meine eigenen privaten Ängste dadurch, dass sie für eine kurze Zeit kollektiv wurden, sogar zugenommen haben. Oder nein, nicht dadurch, sie haben zugenommen, weil sie *nicht* kollektiv wurden. Sie haben zugenommen durch das Sichverstärken meiner Einsamkeit innerhalb eines kollektiven Kontexts, wie dieses durchdringende, aber strapazierend stechende Selbst, das man manchmal in einer anonymen Menge empfindet. Erst einen ganzen Tag später fällt mir auf, dass keiner von uns, kein einziges Mal, in keiner Weise, nicht einmal mit dem Hauch einer Andeutung, Gott erwähnt hat.

* * *

Die Größe des Romans *Ulysses* liegt zum Teil in der Art und Weise, wie er offenbart, wie einer Person das innere Chaos während eines einzigen Tages durch den Kopf geht, und zum Teil in der Art, wie er dieses charakteristische Klagen universell macht. Sosehr sich auch die Beschaffenheit unseres eigenen Lebens unterscheiden mag, Leopold Blooms Geist entspricht unserem Geist. Die Unmenge an Eindrücken, an denen er leidet und die er genießt, ist ein Sturm, den wir alle kennen. Und das macht auch das Entsetzliche des Buches aus: dass eine Form derselben Wut über Trivialitäten im Geist eines jeden empfindsamen Menschen auf diesem Planeten zu finden ist. Wie viel Grausamkeit wird einfach durch den *Lärm*, der in uns steckt, verursacht: das Getöse ist zu gewaltig, als dass wir uns bewusst machen, was genau wir anderen antun oder was anderen in unserem Namen angetan wird. Deshalb kann eine spontane Bemerkung, die uns genauso leicht wie ein Atemzug über die Lippen kommt und über die wir nicht mehr nachdenken als über einen Atemzug, einen Freund zutiefst verletzen. Und deshalb kann ein ganzes Land auf einen kollektiven Wahnsinn hin organisiert werden, da in den Individuen kein Raum zum *Denken* ist.

Etwas fehlt da. Das Leben geht an uns vorbei und wir merken es nicht mal. Die Vergangenheit durchströmt uns wie Moleküle, die wir nicht wahrnehmen können, und wir vermissen den Gott, der uns vermisst, und zwar in dem Sinne, dass er sich nach uns sehnt:

Ich lieb das Weiterspinnen all der Fäden:
Ein Schiffchen fliegt und eine Spindel surrt.
Da schau: Zu dir, wie Schaum der Schwäne.
Fliegt Delia – da kommt sie unbeschuht!
O unsres Lebens Grund der karge, sehre –
Wie arm der Freude Sprache, wie begrenzt!
Und alles war schon und wird wiederkehren:
Dein Glück nur der Moment, da du's erkennst!

– Ossip Mandelstam, aus „Tristia"[21] –

Nur der Moment, da du's erkennst! – aus solchen Momenten ist Glaube gemacht und wird er bewahrt. Wir erinnern uns weniger an sie, als dass sie in uns auferweckt werden, wie kleine Nadelstiche des Gewöhnlichen, die plötzlich – ein Stich in die Haut, ein winziger Blutpunkt des Seins – nicht erscheinen. Sind es nur bestimmte Temperamente – geneigt zu Einsamkeit und Abwesenheit, genährt von Distanz –, die augenblicklich für diese kleinen Erleuchtungen empfänglich und doch langsam darin sind, sie als das zu erkennen, was sie sind? Oder ist es ein Symptom des Zeitgeists – zu abgelenkt, zu beschäftigt, zu vorwärtseilend? Oder ein Symptom der Zeit selbst, wie wir sie zu verstehen begonnen haben:

Wir haben eine Umgebung gestaltet, in der wir eine uniforme, eindeutige, säkulare Zeit erleben, die wir zu messen und zu steuern versuchen, damit die Dinge erledigt werden. Dieser „Zeitrahmen" hat es vielleicht eher als irgendeine andere Facette der neuzeitlichen

Entwicklung verdient, als „stahlhartes Gehäuse" bezeichnet zu werden (um Max Webers berühmte Beschreibung zu zitieren).

– Charles Taylor, „Ein säkulares Zeitalter"[22] –

***

Wie erinnert man sich an Gott, streckt sich nach ihm aus, erkennt ihn inmitten seines Lebens, wenn man von diesem Leben ständig überwältigt wird? Es ist eine Sache, zu Kontemplation, Gebet, stillen Räumen, in denen Gott oder wenigstens ein galvanisierendes Bewusstsein für seine Abwesenheit („Sei dir deines Wunsches nach einer Gottheit gewärtig und du wirst dir der Gottheit gewärtig sein", wie es der Dichter Thomas Traheren im 17. Jahrhundert formulierte.) in den Verstand und das Herz eindringen kann, zu ermutigen. Aber die Realität des gegenwärtigen amerikanischen Lebens – das oft wie eine Art kollektives ADHS erscheint – ist, dass dieses Bewusstsein ein großes Maß an Widerstand erfordert. Doch wie entspannt und widersetzt man sich gleichzeitig?

*

Pendler (1)

Oh, Kreischen, Hitze, Hass
des täglichen Pendelns,

das lange Warten an der letzten Haltestelle,
bevor wir schreiend eintauchen

unter der Erde, während die Tauben
balzen und kacken und brunsten

unverschämt auf den Gleisen,
denn dieser Zug kommt immer zu spät,

immer nur uns im Visier,
die, wenn er kommt mit seiner

runden Schnauze, seinen tausend Mäulern,
uns drängen, fluchen, uns verzerren

zu einer einzigen Kreatur, nur Klauen und Augen,
uns wühlen, uns wühlen, uns wühlen

zum Geld.

* * *

In den Evangelien spricht Jesus zu Menschenmengen stets in Gleichnissen, die er seinen Jüngern später erklärt. Dieses Vorgehen ist in mehrfacher Hinsicht sonderbar: Entweder sind die Gleichnisse eindeutig und die sich anschließenden Erklärungen erscheinen von oben herab oder die Gleichnisse sind unverständlich und die späteren Erklärungen verstärken ihre Intransparenz nur. (Oder könnte es sein – und ich gebe zu, dass ich diese Möglichkeit reizvoll finde –, dass die Erklärungen Jesu seinen trockenen Sinn für Humor illustrieren, der nirgendwo sonst sichtbar wird?) Jedenfalls ist bemerkenswert, auf wie wenig sich die Erklärungen belaufen, wie vollständig die Wahrheiten der Gleichnisse – genauso wie Träume und Gedichte – innerhalb ihres eigenen Geschehens bleiben.

Hinter jedem Drang zu interpretieren steckt Unbehagen, Angst. Ob es nun um ein produktives und notwendiges Bestreben geht, ob um Literaturkritik oder um Theologie oder die gesamten Dogmen und Rituale einer Religion (da jede Religion letztendlich ein Versuch ist, Gott und numinose Erfahrungen zu interpretieren). Ein solches Bestreben vertieft und verkompliziert unsere ursprüngliche Antwort, obgleich es uns eine kleine Öffnung schenkt, durch die wir unsere Momente des Mysteriums, der Krise und der Offenbarung deutlicher erkennen – ihnen „Bedeutungen" geben und sie in unser Leben integrieren. Problematisch wird es dann, wenn das Bemühen, eine Erfahrung zu benennen und zu erkennen, die Erfahrung selbst ersetzt. Genauso wie wir jede Bedeutungsebene in einem Gedicht erfasst zu haben scheinen, fließt die persönliche und stille Macht, die uns überhaupt erst angetrieben hat, aus ihr heraus. Genauso wie wir die Flagge des Glaubens auf dem Berg der Doktrin und des Dogmas aufrichten, den zu besteigen jedes Gramm unseres Intellekts erfordert hat, wird unsere Vision zu einer „Ansicht", die sich bereits verdunkelt und in jedem Ereignis mit dem Müll von anderen verschmutzt ist, die sich zu genau demselben Punkt vorgekämpft haben. Jetzt gibt es keinen anderen Weg mehr als nach unten.

„Wenn er das meint", sagt der Schüler zum Lyriklehrer, „warum sagt er es dann nicht einfach?" „Wenn Gott real ist", sagt das Gemeindemitglied zum Pastor, „warum stürmt er dann nicht einfach in unser Leben und überzeugt uns?" Diese beiden Fragen sind in ihrem Ausmaß und ihrer relativen Wichtigkeit sehr verschieden, aber die Antworten sind ähnlich. Ein Gedicht, wenn es ein echtes Gedicht ist, bedeutet in einem fundamentalen Sinn nicht mehr und nicht weniger als der Moment seiner einzigartigen Melodie und erhellenden Einsicht; es ist sein eigener Code, der zu seiner eigenen absoluten und nicht reduzierbaren Klarheit führt. Ein Gott, wenn er lebendig ist, befindet sich nicht außerhalb der Realität, sondern darin, wenn auch auf eine Weise, die nur mit Geduld und Vorstellungskraft wahrgenommen werden kann. Daher die Verwendung und Notwendigkeit von Gleichnissen, die uns über unsere Schwerfälligkeit und unsere Gewohnheiten hinaus in fremde, neue Wahrheiten katapultieren können. Daher die sehr praktische Wirkung, die uns nicht aus der Realität herauslockt, sondern tiefer und vollständiger in sie hinein.

Christus spricht durch Geschichten, um seine Nachfolger darauf vorzubereiten, ihr Leben selbst an eine Geschichte zu binden, da das Sein nicht ein zu lösendes Rätsel ist, sondern eine Erzählung, die von Person zu Person zu erben, zu durchlaufen und zu verändern ist. Er verwendet dabei Metaphern, weil in ihnen etwas Wesentliches über die Natur der Realität – ihre unbeständige Stabilität, ihr mathematisches Geheimnis und ihre heilige Schlichtheit – offenbart wird. Er spricht die Sprache der Realität – spricht mit Worten der greifbaren Welt –, weil er der Höhepunkt der Realität und der Schlüssel (auf jeden Fall eine von ihnen) zu ihr ist, „denn das Herz dieses Volkes ist verstockt: Ihre Ohren hören schwer und ihre Augen sind geschlossen, damit sie nicht etwa mit den Augen sehen und mit den Ohren hören und mit dem Herzen verstehen und sich bekehren und ich ihnen helfe“[23].

***

Lebt man lang genug in der säkularen Kultur, lang genug, um zu vergessen, dass sie eine säkulare Kultur *ist*, wird ab einem gewissen Punkt religiöser Glaube absonderlich. Atavistisch. Lächerlich. Ich weiß, dass das bei mir der Fall war. Auch wenn viele meiner Lieblingsschriftsteller ziemlich offensichtlich religiös waren – Simone Weil, Marilynne Robinson, T.S. Eliot, George Herbert – und ich eine gewisse intellektuelle Achtung vor der „intellektuellen“ Seite des Christentums behielt – Meister Eckhart, Paul Tillich, Thomas Merton –, erschien mir die Vorstellung, meinen unausgereiften

Glaubensgefühlen einen tatsächlichen Inhalt zu verleihen – ungeachtet des Gedankens, eine Kirche zu besuchen –, nicht nur absurd, sondern als eine offensichtliche Schwäche. Christ zu sein, bedeutete, vor der Kontingenz und dem Tod zurückzuschrecken, die beide entscheidende Realitäten des gegenwärtigen Lebens waren. Christ zu sein, bedeutete den Tod für die Kunst, die auf eine Einstellung der Offenheit und des Nichtwissens angewiesen ist (geschweige denn der Ironie einer *Forderung* nach Offenheit und Nichtwissen). Es war eine radikale Unterbrechung meines Lebens nötig, die es mir ermöglichte, die Vernunft und Lebendigkeit dieser fremden alten Sache zu erkennen. Es gab keine Offenbarung oder Bekehrung aus heiterem Himmel oder so etwas. Meine alten Vorstellungen waren einfach nicht angemessen für die Extreme der Freude und Trauer, die ich erlebte, aber als ich mein Leben durch die Brille des Christentums betrachtete – oder, genauer gesagt, durch die Brille Christi, da vieles am Christentum mir *unbrauchbar* absurd erschien (und immer noch erscheint) –, ergab es einen Sinn. Die Welt ergab einen Sinn. Diese Distanz zwischen Kultur und Christus erscheint wie ein modernes Phänomen, aber ich denke, sie war wahrscheinlich immer der Fall. Selbst wenn das Christentum der grundsätzliche Zustand einer Gesellschaft ist, ist Christus das nicht. Es gibt immer einen Sprung in etwas, das wie Absurdität aussieht, und es ist für denjenigen, der diesen Sprung wagt, immer mit Kosten verbunden.

***

Ich glaube nicht, dass die „Antwort" auf die innere Unruhe, die alle bei jenem Abendessen empfanden, das Christentum ist. Ich bin, im Gegenteil, ziemlich sicher, dass das nicht der Fall ist, da wir mehrere unterschiedliche Traditionen repräsentierten (einschließlich überhaupt keiner Tradition), und sowieso ist Christus keine Antwort auf Existenz, sondern ein Existenzmittel, und ich bin überzeugt, dass es keine Permutation des Menschen oder Geistes gibt, in der er nicht in irgendeiner Form präsent ist. Dies sagte die katholische Nonne Sara Grant, als sie über *Kena Upanishad* sprach und daraus zitierte:

Brahman ist nicht „das, was man weiß", sondern das, durch das man weiß, als wäre sich eine Kristallschale der Sonne bewusst, die durch sie scheint. „Wenn er durch alles Erkennen erkannt ist, wird er recht erkannt."

Ich finde, man könnte zur Unterstützung dieses Gedankens Christus selbst zitieren: „Wer an mich glaubt, glaubt nicht an mich, sondern an den, der mich gesandt hat, wer mich sieht, sieht den, der mich gesandt hat."[24]

Ich denke jedoch, dass sowohl das Problem als auch die Lösung unserer individuellen Angst metaphysisch sind.

Einige moderne Philosophen (Heidegger, Kierkegaard) argumentieren, dass Existenzangst davon herrührt, dass man sich des Todes nicht bewusst oder unzureichend bewusst ist. Das stimmt, denke ich, aber ich frage mich, ob die Betonung auf etwas anderes gelegt werden könnte, weg von der unbewussten Reaktion hin zu einer nicht realisierten Aktion: Das heißt, unsere Angst ist weniger der Verstand, der sich vor dem Tod abschirmt, als das Bedürfnis des Geistes zu *sein*. Es ist, als würde jeder von uns immer eine fremde, schwierige Musik im Hintergrund seines Lebens hören, Musik, die, solange sie im Hintergrund bleibt, nicht störend, sondern offensichtlich einfach unangenehm ist, denn *sie erfordert die Aufmerksamkeit, die wir anderen Dingen schenken*. Es ist nicht schwer, diese Musik zu hören, aber es ist sehr schwer zu lernen, sie *als* Musik wahrzunehmen.

***

Wer ist es, der meine nackten Füße umfasst und knetet, bis sie sich entfalten,
bis alles gut ist, bis alles vollkommen gut ist? Die Lotosgewächse der Füße!

Ich sage dir, es ist keine Frau, es ist kein Mann, denn ich bin allein.
Und ich schlafe ein mit den Göttern, den Göttern,
die nicht sind oder die sind,
nach der Sehnsucht der Seele,
wie ein Gewässer, in das wir eintauchen oder nicht eintauchen.

– aus „There are no Gods“[25] –

Die Betonung in diesen Zeilen von D.H. Lawrence, der kein traditionell religiöser Mensch war, liegt auf „Seele“. Ein Wort, das für viele Zeitgenossen fast beleidigend geworden ist, es sei denn, es ist losgelöst von seiner religiösen Bedeutung. Vielleicht ist genau das manchmal nötig: dass etwas von seiner „religiösen“ Bedeutung befreit wird, im gleichen Sinn wie der Glaube selbst manchmal von seinen gesellschaftlichen und geschichtlichen Verkrustungen befreit werden und zu seiner ersten, kirchenlosen Inkarnation im menschlichen Herz zurückgebracht werden muss. Das ist es, was das 20. Jahrhundert war, eine Art stürmisches Durchforsten von allem, was wir für Wissen und Wahrheit und unser Eigentum gehalten haben – bis es zu stark für uns wurde oder wir zu schwach dafür und „das Selbst die Seele als die Faust des Überlebens ersetzte“ (Fanny Howe). Angst entsteht durch das Selbst als letztliche

Sorge, durch die Tatsache, dass das Selbst diese letztliche Sorge nicht ertragen kann: Es biegt und wankt unter der Belastung und schließlich, unausweichlich, zerbricht es.

***

„Die Seele besteht aus einem Schimmern", schreibt Seamus Heaney. Ein interessanter – und, wie ich finde, präziser – Gedanke, sofern das Wort „Schimmern" sowohl wörtlich wie auch metaphorisch verstanden wird: Die Seele ist nicht nur das Subjekt, das das Sehen ausübt (das Wesen, dem metaphorisches Schimmern gegeben wird), sie steht in gewisser Weise auch für die Dinge, die gesehen werden (die Welt, die schimmert). Oder vielleicht noch zutreffender: Die Seele ist das Verb, das einen Austausch zwischen dem Ich und der Realität – oder dem Ich und anderen Ichs – möglich macht. Die Seele verwandelt Wahrnehmung in Kommunikation und Kommunikation – selbst wenn sie nur zwischen einem Menschen und dem Sturm an Atomen um ihn herum geschieht – in Gemeinschaft.

***

Glaube stiehlt sich wie Tau auf dich: An manchen Tagen erwachst du und er ist da. Und wie Tau vertrocknet er während des Aufgangs der Sonne aus Ängsten, Ambitionen, Ablenkungen.

***

Die Dinge, zu denen uns Gott in unserem Leben beruft, sind nie abstrakt. Obwohl die Berufung uns auffordern kann, neu zu definieren oder zu verfeinern, was wir als Leben kennen, verlangt sie keine Absage an das Leben zugunsten von etwas Höherem. Außerdem setzt sich eine Berufung selbst immer aus dem Leben zusammen. Das heißt, es ist keine bislang unbekannte Stimme, auf die wir antworten; sondern etwas aus dem Leben ruft ins Leben. Einige Leute meinen, dem Apostel Paulus Epilepsie oder ein anderes ähnliches Krankheitsbild zu diagnostizieren, mache jede Vorstellung, Gott habe auf jener Straße nach Damaskus tatsächlich etwas von sich offenbart, zunichte. Aber Gott spricht zu uns, indem er durch uns spricht, und jede Bedeutung, zu der wir in diesem Leben gelangen, setzt sich aus den äußerst kleinen Details des momentanen Lebens um uns herum zusammen. „Ich denke, in der Welt gibt es kein Licht als die Welt", schreibt George Oppen. „Und ich denke, da ist Licht."

***

Es besteht ein Unterschied zwischen den Ängsten unserer täglichen Existenz, über die wir schier endlos sprechen, und der Existenzangst, die wir selten erwähnen. Erstere machen uns zu unentschlossenen, abgelenkten Wesen. Letztere hingegen bezeugt – und, wenn man sich ihrer annimmt, offenbart sie auch – unsere Seelen. Und doch ist es vielleicht eine Differenzierung ohne Unterschied, und es ist genauso entscheidend, sie schließlich zu überwinden, wie sie ursprünglich zu verstehen. Wirklich zu leben, bedeutet, die letztliche Existenz in der täglichen Existenz zu spüren. Alle diese trivialen, zeitraubenden Ängste bekommen, wenn auch nur kurz, eine Helligkeit, eine Richtigkeit, einen Sinn. Solange Angst nur etwas ist, das abgebaut werden muss, bedeutet das kein Leben, oder wir sind nicht lebendig genug, um es als solches zu erfahren.

***

Ich möchte hier weder eine intellektuelle Verwandlung beschreiben, noch eine Verwandlung, die nur „Intellektuellen" zugänglich ist. Ich nehme an, für viele Menschen – Menschen, die dazu tendieren, ein Buch wie beispielsweise dieses hier zu lesen – *scheint* die Verwandlung vielleicht anzufangen mit einer Verstandesentscheidung und eines deutlichen Gebrauchs des Willens. Tatsächlich denke ich, einen solchen Schritt zu tun, zeigt, dass sich schon eine Kluft zwischen Bedeutung und Gefühl aufgetan hat, und wir klammern uns – bewusst oder unbewusst – an die Felswand und das Geröll über diesem plötzlichen Abgrund. Wenn es uns gelingt, unsere Ängste in unser geistliches Leben zu integrieren und dadurch diese Ängste abzubauen, ist ihr rein intellektuelles Verstehen letztlich unzureichend.

Unter den westlichen Intellektuellen von heute besitzt das Bewusstsein „beklemmende" Qualität: Das heißt, uns wird etwas bewusst, indem wir unser Selbst und die Realität erfassen oder fürchten, indem wir davon abseitsstehen – und ganz und gar nicht zufällig (denn wo genau stehen wir?) werden wir, wenn wir das tun, ängstlich. Es gibt andere, vollständigere Zugänge, um in der Welt zu sein, wie die fernöstliche Religionen wie auch die christliche Mystik zu artikulieren versuchen. (Meister Eckhart: „Es ist nicht so, dass wir unser inneres Selbst aufgeben, vernachlässigen oder leugnen sollten, sondern wir sollten lernen, in ihm, mit ihm und aus ihm auf eine Weise zu wirken, dass sich die Innerlichkeit in effektives Tun verwandelt und effektives Tun zur Innerlichkeit zurückführt und wir uns daran gewöhnen, ohne jeden Zwang zu handeln.") Aber wieder einmal stammen die besten Beweise nicht aus Büchern, sondern von Menschen, von denen einige nie daran denken würden, ein Buch in die Hand zu nehmen. Und plötzlich sehe ich wieder meine Großmutter vor mir und erinnere mich an ihre Geisteshaltung – zu aufmerksam, um sie passiv zu nennen, und zu intuitiv, um sie durchdacht zu nennen. Und ich denke (*denke!*) dabei an eine Gegenwart, die so in das Leben verliebt ist, so im Einklang mit der Zeit ist, dass der Tod sie nur weiter hineinzutreiben schien:

Sie, die in ihren letzten Tagen zu sehr liebte, um
ein einziges Unkraut an Namenlosigkeit zu verlieren, im Kreosot,
Moskitogras, Bocksbart, der nicht gedeiht,
zwischen dem raschelnden Flüstern der Rohrkolben, flüstert
Oh, Gott, Schatz, ist das nicht wunderbar!

– aus „The Reservoir" –

***

Die Unruhe innerhalb der Zufriedenheit oder Unruhe, die vielleicht Zufriedenheit *ist*, verhält sich so, als erfordere innere Ruhe, trotz unserer Probleme mit unruhigen Ängsten, äußere Ruhelosigkeit, als wäre der Friede mit uns selbst und unseren Zeiten nur *in* der Raserei zu finden. Oder für einige, nie zu finden. W. B. Yeats:

Im Winter sehnen wir den Mai,
Im Mai den Sommer nun herbei,
Und hängen rings die Hecken voll,
Dann finden wir den Winter toll;
Danach scheint uns rein gar nichts gut,
Weil's diesmal keinen Frühling gab –
Und ahnen nicht, was unser Blut
So treibt, ist Sehnsucht nach dem Grab.

– „Das Rad"[26]–

Leben als reine Todessehnsucht. In einem Sinn hat Yeats recht: Was wir suchen, ist ein Sinn für unser endloses, ängstliches und immer vorwegnehmendes Tun, und der Tod ist Teil dieses Sinns. Jedes Leben, das den Tod nicht mit einrechnet, das nicht auf die eine oder andere Weise das vernichtende Schweigen in jedem Ton hört, die nichtig erklärende Stille in jedem Tun, ist ein Leben, das diese dunkle Energie weder zähmen noch überwinden kann – das heißt, es ist ein Leben, von dem der Tod bereits Besitz ergriffen hat. Yeats' Fehler jedoch (in diesem einen Gedicht, meine ich) ist, dass er den Tod zum *ganzen* Sinn des Lebens macht, was letztlich nicht nur unsere Ängste, sondern auch unser Tun sinnlos macht.

Hier eine andere Herangehensweise, von George Herbert:

Als Gott den Menschen schuf,
Stand neben ihm ein Glas voll Segnungen.
„Laßt uns (sprach er) ausgießen auf ihn alles dies;
Der Welt verteilte Schätze mögen
In eine Spanne sich zusammenziehn."

So fand als erste Stärke ihren Weg,
Dann strömte Schönheit, Weisheit, Ehre, Lust;
Als alles fast heraus war, hielt Gott inne:
Von allen seinen Schätzen, sah er,
Lag Ruhe nur am Grunde noch.

„Denn sollte ich (sprach er)
Mit diesem Kleinod mein Geschöpf auch schmücken,
Statt meiner würde meine Gaben es anbeten,
In der Natur zu ruhn, nicht ihrem Gott;
Für beide wär dies ein Verlust."

– „Der Seilzug"[27] –

In diesem Gedicht stellt sich unsere Ruhelosigkeit als eine Gabe dar, da sie uns, selbst wenn wir ganz zufrieden sind, daran erinnert, was wir am meisten brauchen und warum wir überhaupt auf dieser Erde sind. Vielleicht ist das Gedicht theologisch fragwürdig (warum das alles für ein vorhersehbares Ergebnis?), aber es ist intuitiv wahr. Wir werden in diesem Leben endlos weitergetrieben und sind uns unserer Wünsche nur sicher, bis wir sie erkennen, und dann scheinen sie sich aufzulösen und weiter in der Ferne zu schimmern, wie eine Fata Morgana auf einer Straße, auf der wir rasen und nicht anhalten können. Aber im Gegensatz zu Yeats, für den diese Straße an einer Betonwand endet, an der wir letztendlich tödlich zerschellen, ist für Herbert allein das Beständige unserer Sehnsucht Beweis für die letztendliche Verwirklichung der Sehnsucht. Das heißt nicht, dass diese Erfüllung ewig verhindert würde. Es entspricht eigentlich nicht dem „Himmel", außer insofern, als dass wir lernen, wie er es in einem anderen Gedicht beschreibt, den „Himmel im Gewöhnlichen" zu sehen.

***

Sich mit der Existenzangst zu beschäftigen, kann anfangs wie ein Nullsummenspiel erscheinen. Jegliche Aufmerksamkeit, die geistlicher Wahrheit gewidmet wird, ist Aufmerksamkeit, die allem, was wir uns als „Leben" vorzustellen angewöhnt haben, entzogen wird. Deshalb sondern wir unsere Momente der Andacht ab – hier und da ein Gottesdienst, ein Spaziergang im Wald, ein paar Stunden der Meditation in der Woche –, während wir gleichzeitig außerhalb von diesen Momenten die Raserei unseres gewohnten Lebens beibehalten. Das ist unvermeidlich, denn die anfänglichen Anforderungen an ein schlüssiges geistliches Leben sind intensiv, aber nicht dauerhaft, da die Seele kein Stückwerk ist. Wir stehen also vor folgendem Paradoxon: Nur indem wir den entferntesten Ruf des Bewusstseins hören, vermögen wir den Ruf des ganz gewöhnlichen Lebens zu hören, doch nur wenn wir die banalsten und klirrendsten Details unseres Lebens in Anspruch nehmen, kann diese seltene und versteckte Musik der Seele mit, wie es Seamus Heaney nennt, „der Musik dessen, was geschieht", verschmelzen.

***

Es ist sonderbar, wie manchmal einfach ein ehrliches Reden über Gott, selbst wenn wir darin nur unsere Gefühle des Getrenntseins und der Verwirrung ausdrücken, unserem Geist Frieden bescheren kann. Man dachte, man wäre unglücklich, weil dieses oder jenes in einer Beziehung fehlt, dieses oder jenes in der Arbeit falsch läuft, doch in Wirklichkeit stammt diese Traurigkeit von der eigenen Aversion gegenüber Gott, dem eigenen hartnäckigen Meiden Gottes. Zwar kann es die anderen Probleme sehr gut geben, und man muss sich mit ihnen auseinandersetzen, aber wenn man die Freiheit findet, über die tiefsten Bedürfnisse des eigenen Geistes zu sprechen, spürt man, dass außerhalb dieses Kontexts keine anderen Bedürfnisse angesprochen werden können. An der Struktur des eigenen Lebens zu arbeiten, wenn der Boden des eigenen Seins unsicher ist, ist einfach nicht zu bewerkstelligen.

***

In einem geistlichen Leben ist es der erste Schritt zu lernen, solche Momente zu erleben, in denen Leben und Zeit gleichzeitig angehalten wie konzentriert zu sein scheinen – dieses Paradox aufmerksamer Vergessenheit, aus dem jeder beständige Glaube wächst. Diese Momente sind vielleicht nicht – anfangs wohl sicher nicht –

„meditativ". Wahrscheinlicher ist es, dass sie ins Bewusstsein hineinbrechen, beziehungsweise in das, was man für das Bewusstsein gehalten hat („Epiphanie" ist der theologische Begriff für Christi Erscheinen auf der Welt und in unserem Leben. Man kann es weder durch Überreden anlocken noch sich verdienen, geschweige denn sich darauf vorbereiten, außer dass man seine Fähigkeit zu antworten schärft, die letztendlich der Fähigkeit entspricht, Leben und Tod zu erfahren). Deshalb können wir nicht einen Teil unserer Existenz oder einen Aspekt unseres Bewusstseins von einem anderen trennen, denn selbst im wildesten Lärm steckt ein Same des Friedens. Es gibt eine Art, das zu erkennen, die Aufmerksamkeit und Unterordnung vermischt und zu einer Art des Seins wird, in das man sich eingräbt, in das Chaos, das einen begräbt, und wo selbst fixierende Bande zu einem Mittel der Befreiung werden können.

* * *

Pendler (2)

Es gibt einen Träumer,
alle guten Schaffner

suchen ihn,
nach dem letzten Halt,

wenn der Zug abkühlt,
verliebt, einsam oder ein Narr,

der so sehr lebt,
dass er aufwacht

auf dem Friedhof,
wo er sieht:

Durch den Gang kommt
ein Lichtstrahl,

dessen Ende er ist,
und was er für Ketten hält,

werden Schlüssel...

***

Aber wofür sind die Schlüssel? Denn ich kann nicht mit dieser Blüte an Poesie und Privatsphäre schließen. Genauso wie die religiöse Andacht ergänzt die Kunst entweder das Leben oder stiehlt es. Sie ist nie neutral. Entweder sie treibt einen zum Leben zurück oder sie ist nur ein weiteres Mittel, um es fernzuhalten. (Das Thema und der Ton der Kunst haben damit weniger zu tun, als viele denken: Nichts langweilt die Seele so sehr wie eine erzwungene Erleuchtung, kann man doch durch eine frisch ausgesprochene Verzweiflung ermutigt werden und Antrieb finden.) *Schlüssel wofür?* In diesem Gedicht finden sich Schlüssel einerseits für die Beschränkungen, die im voranstehenden Abschnitt empfunden werden (das lästige Pendeln, das Gedränge von anderen, „Kreischen, Hitze und Hass"), die sich wiederum als ihr einziges Befreiungsmittel erweisen („und was er für Ketten hält, werden Schlüssel"). Andererseits finden sich Schlüssel für die Geheimnisse des Todes; oder vielmehr ist es auch nur der Schlüssel für die unverblümte, unveränderliche, physische Tatsache des Todes (der Zug „Friedhof"), der etwas öffnet, wenn auch nur für einen Moment, um ein Geheimnis zu offenbaren.

Und jetzt ist es vorbei. Jetzt muss sich der Mann im Zug, wie der Mann, der sich ihn vorstellte (ich!) – so wie Paulus, der vor Damaskus von Gott heimgesucht wurde (für mich verhielt sich das nicht ganz so) –, bewegen. Jetzt wird die Offenbarung entweder Teil seines Lebens oder sie ist ganz darin verloren. Entweder gelangen seine Taten zu einem tieferen Sinn und beginnen, sich wiederzugeben und zu kontrapunktieren, oder der Moment und der Mensch gleiten in gefühllose Raserei zurück, und das Kreischen, die Hitze und der Hass seiner Tage schließen sich wieder metallen um ihn.

Der Tod ist die einzige Linse für wahre Transzendenz, aber paradoxerweise ist Transzendenz nur möglich, wenn wir aufhören, uns unseres eigenen Todes bewusst zu sein. Ich meine damit nicht, dass wir uns unseres eigenen Todes *unbewusst* sind, sondern dass wir etwas, das wir für Bewusstsein halten – diese „Besorgtheit", die ich erwähnt habe, dieses Abseitsstehen und Festhalten –, durchqueren müssen, um zu etwas Tieferem zu gelangen. Bei Amateurfotografien – es geht um die Aussagekraft – spürt man die Last, beziehungsweise vielmehr den mangelnden Druck der ganzen Realität, die dem Bild fehlt, das im Grunde nur ein Schnappschuss des Lebens ist. Ein Künstler hingegen lässt den Betrachter fühlen, wie viel fehlendes Leben in einem bestimmten Bild enthalten ist: Es ist, als wäre das Bild umgeben, belebt und sogar geschaffen vom Unsichtbaren, vom Unbegreiflichen, vom Abwesenden. Man kann nicht sagen, jemand, der gelernt hat, so zu sehen, hätte *vergessen,* dass es zwischen ihm und dem Leben eine Linse gibt. Vielmehr ist die Linse so intuitiv und fließend geworden, dass sie einfach ein weiteres, klareres Auge ist.

Jenes Abendessen, mit dem ich dieses Kapitel begonnen habe, war ein Versagen meinerseits – nicht unbedingt meiner Nerven, denn nichts, das ich hier in diesem Kapitel ausgeführt habe, kam mir damals auch nur annähernd in den Sinn. Nein, es war ein

Versagen des Bewusstseins, das immer ein geistliches Versagen ist. Ich glaube, es gibt eine Art von Existenz, in der Meditation und Kommunikation, Erleuchtungen und Geschäftigkeit, Tod und Leben, Gott und das Nichts – all diese offensichtlichen Gegensätze vermischt und zu einem Bewusstsein werden. Ich selbst bin noch weit davon entfernt, eine solche Wahrnehmung zu erkennen, doch ich habe die Linse an meine Augen gehoben – mit einem Gefühl, dass sie freiwillig gehoben werden musste, selbst wenn, vielleicht besonders wenn, Umstände einen grob dazu gedrängt haben – und ich lerne.

GOTT IST NICHT JENSEITIG

Wenn man sich den Glauben vorstellt als „in erster Linie eine intellektuelle Zustimmung“ (Thomas Merton); oder wenn man ihn überhaupt nicht als Geisteszustand sieht, sondern als „vom Sein selbst ergriffen zu sein“ (Paul Tillich); oder wenn man den Glauben als hauptsächlich „Glauben an ein Ereignis“ (Abraham Joshua Heschel) in der Vergangenheit versteht, als man oder gar die ganze Menschheit faktisch vom Sein ergriffen wurde; oder wenn man eine Art „induktiven Glauben“ (Peter Berger) aus den Transzendenzmomenten im gewöhnlichen Leben konstruiert; oder wenn man meint, Glaube sei eine Sache der Gnade und damit vollkommen außerhalb der Kontrolle des Menschen (Karl Barth); oder wenn man, wie ich, das Gefühl hat, dass jede dieser Definitionen eine gewisse Wahrheit in sich trägt – bleibt immer noch die Frage: *Warum?*

Warum sollte die Existenz so angelegt sein, dass unsere Entfremdung von Gott als gegeben verstanden wird und wir uns ständig nicht nur zu dem hinkämpfen müssen, was er ist, sondern auch zu der ganzen Vorstellung, *dass* er ist? Wenn man den wörtlichen Schöpfungsbericht aufgibt, wie er uns im Buch Genesis überliefert ist, wenn man den Garten Eden, den geistigen Apfel, die ganze Geschichte von der Trennung des Menschen von Gott aufgrund einer sprechenden Schlange aufgibt, wenn man all diese ganzen Dinge aufgibt – und wer außer einem Kind könnte daran festhalten –, bleibt paradoxerweise die hartnäckige Frage eines Kindes: *Warum?*

***

Unser Wesen – und die Natur selbst – sind nicht korrupt (wenigstens nicht vollkommen), sondern unvollendet. „Die gesamte Schöpfung … seufzt und liegt in Geburtswehen"[28], sagt Paulus, was vollkommen richtig ist. Aber auch das: Die gesamte Schöpfung, einschließlich eines jeden Atoms von uns selbst, seufzt und liegt in Geburtswehen, und zwar *auf etwas hin* – nicht auf irgendeine ideale Existenz hin, von der uns „die Sünde" unwiederbringlich trennt, und nicht auf einen Himmel hin, der einfach diese Existenz in die Ewigkeit multipliziert. Nein. Glaube ist nicht Glaube an irgendeinen Zustand jenseits von Veränderung. Glaube ist Glaube *an* Veränderung. Dass dieses Chaos an Zellen für uns mit großem Leid und Schwierigkeiten verbunden ist, ist wahr. Dass das groß geschriebene Leben unser klein geschriebenes Leben erfordert, steht außer Frage. Doch in dieser anhaltenden Apokalypse („Apokalypse" in dem Sinne von Enthüllung und Offenbarung) steckt auch eine große Freude. Freude an der Fülle und dem Verschwenderischen der Realität, an ihrer atomaren Detailgenauigkeit und ihrer wesentlichen Unzerstörbarkeit und im tiefen, impliziten Frieden, dessen sicherstes Versprechen auf Realität die wunderbare Fähigkeit ist, die wir besitzen, sie uns vorzustellen – in einem Kunstwerk, einer Liebesgeste oder auf einem der anderen Wege, auf denen wir den Gott anerkennen, der dieser ständig sich perfektionierende Prozess *ist.*

***

Sich das *vorstellen* – diesen Frieden, diese Einheit, dieses Leben jenseits des unsrigen Lebens –, heißt nicht unbedingt, daran zu „glauben“. Zwar an den Sinn und die letztendliche Verwirklichung dieses Impulses in uns zu glauben, aber nicht ängstlich versuchen, diesen Glauben mit Inhalt auszufüllen.

Ich habe einen bekannten konservativen Pastor mit voller Überzeugung verkünden hören, dass es aufgrund der klaren Aussage in Johannes 14,2 („In meines Vaters Haus sind viele Wohnungen …“) offensichtlich ist, dass es im Himmel prächtige Häuser für einen jeden Menschen auf der Erde gibt, der durch Jesus Christus erlöst wurde. Diese Art von Buchstabentreue lässt sich leicht verspotten, aber die Angst (vor dem Tod, vor dem Vergessen), der sie entstammt, ist manchmal auch in liberalen Theologien erkennbar. Ich habe eine andere Predigt von einer Pastorin der Kongregationalisten gehört, die diesen Instinkt für die Ewigkeit, den jedes zeitlich begrenzte Leben enthält, brillant wachrief. Doch dann schreckte sie zurück und beharrte auf dem Überleben des individuellen Bewusstseins, so wie wir es jetzt kennen. Der Himmel, sagte sie, was auch immer das ist, werde uns die Beziehungen, die wir verloren haben, wiedergeben, werde diese ganze liebe Welt, die wir stets verlieren, heilen.

Das setzt zu viel voraus. Der Tod ist da, um uns etwas zu lehren oder um uns auf etwas vorzubereiten. Uns darüber hinaus zu projizieren, bedeutet, nicht nur die Bedingungen dieses Lebens zu verletzen – zu dem ein nüchternes Bewusstsein für das Ende, das kein Auge sehen kann, gehört –, sondern auch, so vermute ich, des nächsten. Die liberale Pastorin sprach vor einer großen, reichen und weltlich ausgerichteten Gemeinde. Sie nahm zu Recht an, dass die Gemeinde ihren Vorstellungen vom Himmel widersprechen würde, dass all das für ihr modernes, wissenschaftliches Empfinden anmaßend klingen würde. Doch darum gehe es, argumentierte sie: Allein das Vorhandensein unseres Widerstands gegen den Himmel sei ein Beweis für seine Echtheit, denn er erinnere uns an die radikale Fremdheit unseres Gottes und schockiere uns zurück in diese Gegenwart. Das erscheint mir falsch. Nicht dass weitverbreitete Vorstellungen von einem Leben nach dem Tod nicht merkwürdig erscheinen; es ist einfach nur so, dass sie nicht merkwürdig genug sind. Es ist nicht so, dass der Gott orthodoxer (oder neoorthodoxer) Eschatologie unglaubwürdig erscheint; er scheint vielmehr durch unsere Angst vor dem Sterben geschwächt zu sein. Den Himmel abzulehnen, kann insofern ein Ausdruck des Glaubens sein, wenn dies geschieht, um Gott seinen wahren und Furcht einflößenden Raum zu geben.

* * *

Mein Gott, mein Gott, warum hast du mich verlassen? Nach diesen Worten am Kreuz bekommen wir von Jesus nichts weiter zu hören, obwohl es nicht schwer ist, sich andere Gedanken vorzustellen, die ihm durch den Kopf gegangen sein müssen: *Ist es, weil ich deine Erwartungen nicht erfüllt habe, weil ich deiner nicht würdig bin? Ist es, weil du dich meiner und dieses entwürdigenden Spektakels, das ich geworden bin, schämst? Aber du bist ich. Ich bin du …*

Wir diskreditieren uns selbst oft über alle Maßen, manchmal aus einem Grund (oder was wie ein Grund erscheint), aber öfter und verurteilender mit einer Art dunkler Urteilsklarheit, die über alles hinausgeht, was wir getan haben oder nicht getan haben, die über jede Erkenntnis oder Diagnose hinausreicht, die die Psychologie zu bieten hat, und uns im Herzen dessen berührt, wer wir sind. Falschheit, nenn es beim Namen. Eine bloße wie völlige Sättigung des Selbst:

Gottes tiefster Entschluss
wollte bitter mich schmecken lassen:
mein Geschmack war ich selbst;
– Gerard Manley Hopkins, aus „I wake and feel the fell of dark" –

Ich vermute, traditionelle Christen nennen dies Ursünde, aber das scheint mir nur etwas von ihrem Stachel zu nehmen. Statt zu kalter und totaler Einsamkeit, die sie ist, wird sie kollektiv; sie stellt außerdem das Gefühl in einen sozialen/religiösen (für einige sogar historischen) Kontext, obwohl ein großer Teil ihres Entsetzens ihre Unerklärlichkeit, ihr fehlender Ursprung ist. Wenn das Urteil nur ein „stärkster Erlass" *wäre*: Das würde ihr Form und einen tieferen Sinn geben. Aber sie taucht aus Leere, Sinnlosigkeit auf und definiert sich dadurch.

Wie aufregend also, sich vorzustellen, dass Christus eine Version davon erlebt hat. Und nicht nur Christus: Gott. Als würde die ganze Schöpfung dieselbe Korruption in sich tragen, diese Macke in der Struktur der Dinge, diese mutierende Zelle der Selbstverachtung. Als gäbe es eine tiefe und mehr-als-menschliche Gemeinschaft, die in diesem einsamen, menschlichen Bedürfnis nach Vergebung zum Ausdruck kommt:

Mein Herz, lass mich mehr Mitleid haben;
lass mich jenseits zu meinem traurigen Selbst freundlich sein.
– Gerard Manley Hopkins –

Es ist nicht blasphemisch zu sagen, dass jeder Mensch den Gott erschafft, der ihn erschafft. Wir sind Teile eines Werkes, dessen vollendete Form wir uns nicht vorstellen können, obwohl unsere Vorstellungskräfte, mithilfe der Gnade, die Mittel – oder wenigstens ein Mittel – zu seiner Vollendung sind.

Solange Glaube etwas ist, das den Angriffen der Vernunft, Erfahrung, Säkularisation oder auch nur einfach der langsamen Erosion der Gewissheit in meinem eigenen Herzen und Verstand „widersteht“; solange dieses Verb die Dynamik zwischen meinem Glauben und allem, das ihn zu bedrohen scheint, genau beschreibt, ist der Glaube eine Illusion in mir. Ein Traum, an den Schwachheit sich klammert, statt der wahrsten Form und Verwirklichung von Kraft.

***

Schweigen ist die Sprache des Glaubens. Handeln – sei es nun die Kirche oder Nächstenliebe, Politik oder Poesie – die Übersetzung. Wie bei jeder Übersetzung ist das Handeln ein bloßer Widerhall des Originals, unweigerlich verblasst und verzerrt, je weiter sie sich von der Quelle entfernt. Hier endet der Vergleich jedoch, denn auch wenn es stimmt, dass Handeln dieses ursprüngliche Schweigen degradiert und die Momente meditativer Gemeinschaft mit Gott Lichtjahre von den chaotischen menschlichen Begegnungen – zu denen einen jene Momente veranlassen – entfernt zu sein scheinen, stimmt es auch, dass ohne diese ständigen Übersetzungen in die Tat dieses ursprüngliche, bleibende Schweigen anfängt, weniger kraftvoll zu sein, anschließend weniger zugänglich und letztlich unmöglich.

***

Ich habe immer dieses Gefühl, dass etwas meine geistlichen Ängste ein für alle Mal lösen wird, dass ich mich eines Tages einfach entspannen und ein Glaubender sein werde. Ich lese Buch für Buch. Ich suche nach intensiven Erfahrungen in der Kunst, in der Natur oder in Gesprächen mit Menschen, die ich respektiere und die in ihrem Glauben sicherer zu ruhen scheinen als ich. Manchmal scheine ich Zugewinne zu erzielen, denn diese Dinge können Erleichterung und Wegweisung bringen und tun es auch. Doch stets kehrt die Angst zurück und ist die Norm, von der der Glaube abweicht, wenn man diese intensiven, aber irgendwie vagen und flüchtigen Gotteserfahrungen überhaupt Glaube nennen kann. Ich vergesse immer wieder, oder vielleicht will ich mir einfach nicht erlauben zu sehen, was wahrer Glaube ist, sein aktives und äußeres Wesen. Ich sollte nie dafür beten, in meinem Glauben Frieden zu haben. Ich sollte nur dafür beten, dass meine Unruhe friedliche Ventile erfährt, dass ich vielleicht das Mittel für einen Frieden sein kann, den ich selbst nicht fühle.

* * *

Verändert sich die Beziehung eines Menschen zum Göttlichen radikal und öffnet sich sein Leben und Denken auf eine Weise, die er sich nicht hätte vorstellen können, ist er geneigt, über diese Veränderung im Sinne von Fortschritten zu denken – von einem niedrigeren Bewusstsein zu einem höheren, von umnachteter Verzweiflung zu erleuchteter Freude. Doch das ist sein erster Fehler. Der zweite ist sein unmittelbarer Wunsch, andere, besonders die, die er liebt, in diesen neuen Bewusstseinszustand zu führen. Doch Glaube ist in diesem Sinne nicht ein neues Leben; er ist das alte Leben, nur neu gesehen. Und dass diese Sicht zu Verbindungen und Stetigkeiten führt und nicht zu Entsagungen und Trennungen, ist ihre Prüfung. Nichts ist giftiger, sowohl für den eigenen Glauben als auch für die eigenen Beziehungen, als ein übereifriger Drang zu missionieren, ein zu eifriges Festklammern an der „Wahrheit“. Zweifellos gibt es den seltenen Cædmon, dessen stumme Zunge vom Geist Gottes berührt wird und singt, aber ich denke, für die meisten von uns – sicher für mich – kommt Gott als ein vernichtendes Schweigen daher. Ein Schweigen, das wir *ertragen* und auch genießen müssen. Gewiss, die Aufforderung zu evangelisieren obliegt jedem Gläubigen, aber es gibt eine strenge Hierarchie effektiver Methoden. „Geht hin und verkündigt das Evangelium allezeit", sagte Franziskus zu seinen Anhängern. „Und wenn nötig, benutzt Worte."

***

Religiöse Verzweiflung ist oft eine Abwehr gegen Langeweile und die tägliche Plackerei des Lebens. Fehlt es uns in unserem Leben an Intensität, sagen wir, dass wir uns fern von Gott fühlen. Wir versuchen dann, diese Ferne zu einer intensiven Erfahrung zu machen. Das ist etwas, was zu den geistlichen Krankheiten gehört, die am schwersten zu heilen sind, weil dies meist vollkommen illusorisch ist. Schließlich gibt es definitiv Zeiten, in denen wir Gottes Abwesenheit erleiden müssen, wenn wir aufgerufen sind, der dunklen Nacht unserer Seele zu begegnen, um zu einem neuen Verständnis Gottes zu gelangen und eine tiefere Gemeinschaft mit ihm und mit der ganzen Schöpfung zu finden. Aber das ist sehr selten, und zum größten Teil sind solche dunklen Nächte unserer Seele auf eine Weise, die eher jämmerlich als tragisch ist, Wunschdenken. Gott ist nicht abwesend. Er ist überall gegenwärtig auf der Welt, die zu lieben wir zu entmutigt sind. Um ihn zu fühlen – um ihn zu *finden* –, ist es normalerweise nicht nötig, allem weltlichen Besitz zu entsagen und ins Kloster zu gehen oder unser Leben für eine Sache sozialer Gerechtigkeit einzusetzen oder eine Art heilige Kunst zu schaffen oder spontan anzufangen, in Zungen zu reden. Viel zu oft besteht die Aufgabe, zu der wir berufen sind, einfach darin, der anstrengenden Person am Arbeitsplatz neben uns Freundlichkeit zu erweisen oder das Gesicht eines Ehepartners zu berühren, von dem wir selbst uns lange distanziert haben, und zuzulassen, dass die Gnade die Liebe aus unserem tiefen, sich selbst genügenden Schlaf weckt.

***

Es wurde leicht, die Flamme der einsamen Qual neu zu entfachen, zum Teil deshalb, weil sie nie ganz erlosch. Die Lüge in meinem Leben war nicht die Flamme, sondern die Leichtigkeit, mit der ich mich ihr zuwandte. Der Schmerz hat seine Freuden, von denen seine Zuverlässigkeit, Unmittelbarkeit und sogar, auf eine sonderbare Weise, seine Geselligkeit nicht die geringsten sind. „Ohne die Einsamkeit wäre ich einsamer", wie Marianne Moore sagt, „also halte ich an ihr fest."

***

Eine der großen Verarmungen des heutigen westlichen Christentums oder wenigstens des liberalen Protestantismus ist seine Ignoranz oder Allergie gegenüber der Mystik. Ich würde nicht so weit gehen wie Simone Weil, die einmal sagte, dass Mystik der *einzige* Weg zur Gotteserfahrung sei, aber ich glaube schon, dass vieles an jeder echten christlichen Erfahrung mystisch ist. Das heißt, sie ist zeitlos, persönlich und legt eine wesentliche Einheit zwischen dem Menschen und Gott nahe – oder genauer gesagt, bringt diese in Erfüllung. (Einheit, das versteht sich von selbst, ist nicht Gleichheit.) Aber christliche Mystik ist nicht *nur* zeitlos oder persönlich. Das größte Mysterium des Christentums – das größte Mysterium von Jesus selbst – ist die Art, wie die Freiheit von der Zeit der Ruf der Zeit ist, Freiheit vom Tod, dem Ruf des Todes. Eine mystische Erfahrung – und damit will ich jene Erfahrungen geistlicher Befreiung und Transzendenz (in der Natur, im Gebet, in der Kunst, etc.) einschließen, die jedem einzelnen Menschen zugänglich sind, der sich auf sie vorbereitet und sie akzeptiert – führt nicht nur zum Handeln; ihre Realität wird nur durch das Handeln bestätigt. Im Garten Gethsemane am Abend vor seinem Tod hat Jesus, heißt es, so intensiv gebetet, dass er Blut schwitzte. Eine Metapher, nehme ich an, aber in jedem Fall ein Hinweis, dass seine Gotteserfahrung in jenem Moment das war, was wir mystisch nennen würden. (Die Berührung mit dem Jenseits bedeutet nicht nur Harfenmusik und glückliche Entrückung.) Am nächsten Tag wurde Jesus bespuckt, geschlagen und an ein Kreuz genagelt – das ist keine Metapher –, weil er nicht weglief, als er die Gelegenheit dazu hatte, und auf die Anklagen, die gegen ihn vorgebracht wurden, mit nichts als Schweigen antwortete. Es ist ausschlaggebend, diese brutale Realität zu spüren, sein (scheinbares) Versagen, die reale Welt, der eine reale Vision geopfert wurde.

***

Der Beweis kam bald und klar:
Die Visionen waren wahr, und sie kam schnell
Gottes barfüßigem Auftrag in den Felsen Spaniens nach,
wo die glühende Sonne auf sie niederstach,
das Oh der Ekstase eingebettet in
den gemäßigten Konsonanten der Disziplin.

– Richard Wilbur, aus „Teresa“[29] –

***

„Katholische Tradition ist aus dem Grund Tradition", schreibt Thomas Merton, „weil es im Christentum nur eine einzige lebende Doktrin gibt: Es gibt nichts Neues zu entdecken." Ein kleines bisschen Tod von einem Denker, der der Welt so viel Leben brachte. *Nichts Neues zu entdecken?* Die Minute, in der sich ein Mensch oder eine menschliche Institution eine einzige Gotteserkenntnis anmaßt, zieht eine Art hochgiftiger Stolz in diese Erkenntnis, und es ist, als würde das lebendigste und belebteste Geschöpf plötzlich in einen Leichnam verwandelt. Jeder Glaube, der seine eigenen Erosionen nicht anerkennt und sich daran anpasst, verfault von innen. Nur wenn die Doktrin selbst als vorläufig verstanden wird, beginnt die Doktrin, eine mehr als vorläufige Bedeutung anzunehmen. Die Wahrheit wohnt nicht der Doktrin selbst inne, sondern dem Geist, mit dem sie verbunden ist, denn der Geist Gottes sucht und schafft immer neue Formen. (Um fair zu sein, Merton hat das bestimmt später in seinem Leben selbst erkannt, als er sich dafür interessierte, Vorstellungen aus dem Christentum mit Vorstellungen aus dem Buddhismus zu vermischen.)

***

Natürlich ist die Annahme, jede Doktrin sei vorläufig und in einer fundamentalen Weise nicht haltbar, selbst eine Doktrin und unterliegt genauso der Sterilität und Prahlerei wie das Schimpfen eines Radiopredigers, der seine Zuhörer mit dem Buch Leviticus niederknüppelt. In Unwissenheit zu leben, ohne stolz darauf zu sein, muss man lernen.

***

Simone Weil sagt: „Abwesenheit ist die Form, die Gott in dieser Welt annimmt“, was wie jede menschliche Gottesvorstellung gleichzeitig wahr wie unwahr ist. Insofern wahr, als dass Gott uns nicht in einer Form jenseits der Formen der Welt erscheint. Insofern falsch, als dass sie annimmt, dass Gott in den Formen der Welt, in Weisen, die zu erkennen man ein Leben lang suchen und beten muss, nicht präsent sei. Weils genialer Gedanke gibt dem Gefühl des Mangels eine Form, der einen Menschen dazu führt hinauszuschreien, dass diese Welt, so sehr sie auch geliebt ist, nicht genug ist. Ihre Sprache verleiht der Abwesenheit Energie, erfüllt sie – wie sie erfüllt ist – mit göttlicher Bedeutung und Macht, obwohl die Worte diese Dinge gleichzeitig implizieren und fernhalten. Das ist ihre Schwäche: Sie nimmt an, wir *wüssten*, welche Form oder Formen Gott annimmt, und deshalb wären unsere Wahrnehmungen seiner Abwesenheit nicht nur zutreffend, sondern in diesem Leben auch endgültig. Gottes Abwesenheit ist eine Angst, die jeder ehrliche Gläubige fühlt, aber das Problem bei Weils Aussage ist, dass sie bei dieser Angst stehen bleibt, ohne sich bewusst zu machen, dass Gottes Abwesenheit immer ein Ruf in seine Gegenwart ist. Überfluss und Armut sind zwei Facetten des einen Gesichts Gottes. Im vollsten Sinn geistlich lebendig zu sein, bedeutet, sich an das eine zu erinnern, wenn man mitten im anderen steht.

***

Aber was bedeutet das wirklich? Wie könnte das tatsächlich im Leben aussehen?

Ossip Mandelstam, einer der größten Dichter und Köpfe des 20. Jahrhunderts, starb 1938 im Alter von 47 Jahren. Zum letzten Mal wurde er in einem Durchgangslager für politische Gefangene in Sibirien gesehen, als er in einem Müllhaufen nach Essen suchte.

Es war eine Situation, die der Dichter lange vorhergesehen und sogar aktiv herbeigeführt hatte. 1934 rezitierte Mandelstam mit unglaublicher Tapferkeit und selbstmörderischer Torheit bei einem literarischen Treffen sein damals neu verfasstes und heutzutage berühmtes Gedicht, das später als „Stalin-Epigramm" bekannt wurde. Es verwandelte den ganzen Pomp des großen Herrschers in ein Marionettentheater:

Seine Finger sind dick und, wie Würmer, so fett,
und Zentnergewichte wiegt's Wort, das er fällt.[30]

Vielleicht dachte er, er wäre unter Freunden, obwohl inzwischen auch Freunde angefangen hatten, auf ihre Worte zu achten und vorsichtig hinter sich zu schauen. Vielleicht glaubte er so vollständig an seine eigene Gabe, dass er die imaginäre Freiheit für tatsächliche Freiheit hielt, die Lizenz des Verstandes für die der Beine. Vielleicht hegte er den heiligen Sinn, keine sicheren Unterschiede zwischen den verschiedenen Freiheiten zu machen, und er tat – wie Dietrich Bonhoeffer, bevor er New York verließ, um in sein geliebtes und umnachtetes Deutschland zurückzukehren – nur das, was ihm seine eigene Seele zu tun auftrug. Jedenfalls hat jemand bei diesem literarischen Treffen in Moskau, jemand, dessen Gedächtnis genauso geübt war wie Mandelstams und der ein Gedicht rezitieren konnte, nachdem er es nur ein einziges Mal gehört hatte, es einem von Stalins Leuten ins Ohr geflüstert. Das genügte. Von Moskau nach Leningrad in die noch fernere Verbannung nach Woronesch hatten Mandelstam und seine Frau, Nadeschda, keine feste Bleibe mehr und lebten von Abfall und Hoffnungen, Liebe und Poesie und mit Angst:

In der Küche setzen wir uns hin –
süß riecht hier das weiße Kerosin.

Scharfes Messer, ein Laib Brot ...
mach, dass der Primuskocher loht.

Sonst such Stricke in der Nacht,
unsern Korb dann zugemacht.

Fort zum Bahnhof das Gespann,
wo uns keiner finden kann.[31]

Wahrscheinlich hat das Sinngedicht jedoch nur Ereignisse beschleunigt, die unausweichlich waren. Mandelstam war Stalin schon lange ein Dorn im Auge, wie aus dem berühmten Telefongespräch zwischen Stalin und Boris Pasternak einige Monate, nachdem Stalin von dem Sinngedicht erfahren hatte, deutlich wurde. Die zwei Männer unterhielten sich eine Weile über Mandelstam und seine schwierige Lage, bevor Stalin schließlich die Frage stellte, die der Anlass seines Anrufs war: Aber ist Mandelstam ein wahrer „Meister" – ist er ein Genie? Pasternak, der das politische Gespür bewies, das ihn befähigte zu überleben, sagte, dass das nicht die eigentliche Frage sei, aber sie war es. Mandelstams reinen lyrischen Geist konnte Stalin nicht ertragen, die existenzielle Freiheit und Größe, die frei singende Seele, die, wie Stalin anscheinend spürte, sich immer den Netzen des Staates entziehen würde.

Menschen, die meinen, Poesie hätte keine Macht, haben eine sehr begrenzte Vorstellung davon, was Macht bedeutet. Selbst heute, in diesem Land der Konzerne, frisst sich ein wenig Lyrik in das Herz aus Geld. Und selbst jetzt glänzt ein Stück von Mandelstams lebhaftem Geist auf und lebt in den Zeilen, die er hinterlassen hat:

Fuhren Helena weit über
Wellenland,
Wo ich meinem Mund nur trüben
Salzschaum fand.

Meinen Mund bestreicht nur einzig
Leeres Nichts
Armut zeigt mir höhnisch-reizend
Ihr Gesicht.[32]

Es ist nicht nötig, seinen Widerstand gegen Stalin zu heroisieren, und man sollte wissen, dass Mandelstam später widerrief und Gedichte und Briefe schrieb, deren einziges Ziel es war, sein Leben zu retten. Aber das spielt keine Rolle. Was eine Rolle spielt, ist der Mann, der an den Tagen, bevor er verschwand, durch die Straßen von Woronesch ging und wie wild seine letzten Gedichte im vollen Bewusstsein des Schicksals schrieb, das ihn erwartete, immer noch erstaunt über das Bewusstsein, seine Gabe und seinen Preis:

Birnenbaum und Faulbeerbaum, die hier auf mich zielen
Voll von mürber Kraft und Macht – und mich nie verfehlen.

Blütentrauben, Sternenbund, Sterne – blütenstarrend:
Was für eine Doppelmacht? Und wo blüht die Wahrheit?

Prächtig oder wuchtig dann – schlägt mit luftig-dreisten
In die Luft, erschlägt sie fast: Morgensterne, weiße.

Süße dieses Doppeldufts, unverträglich süße:
Ringt verknäuelt, dehnt sich weit – Mischmasch, abgerissen.[33]

VARIANTEN DER RUHE

Ich habe versucht, die Sprache des Christentums zu lernen, aber ich habe oft das Gefühl, überhaupt keine Fortschritte zu machen. Ich will damit nicht sagen, das Christentum scheine für mich nicht zu „funktionieren", als messe sich seine Richtigkeit an seiner konkreten Nützlichkeit in meinem Leben. Ich begreife, dass mein Verständnis mühsam geschaffen und re-formiert werden muss, was das Leben mit Gott betrifft, und Dogmen sind ein Mittel, dies geschehen zu lassen: die Seile, Haken und Kletterschuhe, mit denen man in den Abgrund hinabsteigt. Doch ich bin auch ein Dichter, und ich spüre die Falschheit – oder nein, nicht mal das, eher eine gewisse Ungenauigkeit und Schlüpfrigkeit bei jedem einzelnen Schritt, so als wäre die Ausrüstung abgenutzt und ungeeignet. Und das in den besten Momenten. Im schlimmsten Fall wandere ich einfach durch einen Discount-Supermarkt aus Mythen und versuche mir einzureden, es gibt dort etwas gibt, das sich zu kaufen lohne.

***

Was ist der Unterschied zwischen einem Mysterium, in dem und durch das das ganze geistliche und intellektuelle Sein beschwingt und vervollständigt wird, und einem Mysterium, das den Geist nur entleert und den Intellekt umgeht? Letzteres, so sagt man vielleicht, geschieht in Anführungszeichen. Nichts ist frustrierender, als einem unfähigen und unvorbereiteten Prediger (oder Dichter!) zuzuhören, der sich dem „Mysterium" der Existenz und Gott beugt, wenn noch mehr Mysterium das Letzte auf der Welt ist, was seine Worte brauchen oder ertragen können – das heißt, nichts außer vielleicht ein zwölfbändiges, teutonisches Werk durchzuackern, das Gottes Gesetze bis zum letzten Buchstaben erläutert. Ich denke allmählich, dass *alles,* was uns von der physischen Welt absondert, „vom Teufel" ist, wie wir es in der glühenden – und manchmal faden – Ebene von West-Texas ausdrückten, wo ich aufgewachsen bin, obwohl wir dort eher dazu tendierten, Satan die Schuld dafür zu geben, dass er uns zu sehr mit dem süßen Gestank der Welt verführte. Wonach ich mich sehne – und was ich in flüchtigen Momenten erkenne –, ist ein Mysterium, das die Realität vollständig auslöscht, indem es ihr vollständig innewohnt, wie eine letztliche Einsicht, die nach wie vor Sicht ist. Himmel ist Präzision.

* * *

Linoleum glänzte dort. Messinge Hähne glänzten.
Die porzellanenen Tassen waren sehr weiß und groß –
Ein unversehrtes, vollständiges Service.
Der Kessel pfiff. Rosinenbrot und Schnitten
Waren da und wie sich's gehört. Jedes Kind begreift,
Daß Butter in der Sonne leicht zerläuft.
Und krümel nicht. Halt deine Beine still.
Rühr leise um. Man fragt, wenn man was will.

Es ist New Row Nummer 5, im Land der Toten –
Großvater erhebt sich grad seinem Platz,
Die Brille auf die Glatze hochgeschoben,

um eine heimgekehrte Tochter zu empfangen„
noch ehe sie, staunend, anklopft. „Was ist das?"
Und sitzen dann im hellen Raum beisammen.
– Seamus Heaney, aus „Lichtungen"[34] –

***

Die Ewigkeit, ihre Vorstellung, ist ein starker Magnet für den Verstand, aber das Herz bleibt ungerührt. Es ist eine Plattitüde zu sagen, wir wären nie lebendiger, als wenn wir unserem Tod am nächsten sind. (Manchmal ist es auch, wenn es von jemandem gesagt wird, dessen Leid seine eigene Menschlichkeit überflutet, eine Obszönität.) Schon dem kleinen Fingerzeig gegenüber dieser fatalen Intensität (klein in dem Sinne, solange er, ungefährdet intellektuell, weit von uns entfernt ist) obliegt eine gewisse Schärfe: Denn vielleicht ist eine Krankheit nötig, um diese Schärfe zu fühlen, entweder im eigenen Körper oder im Körper eines Menschen, den man liebt. Oder es könnte einfach eine Art Unterbrechung des Bewusstseins sein, so deutlich, dass zwischen einem selbst und allem, was man nicht ist, eine Pause entsteht. Dann steht man erschrocken da wie ein flink arbeitender Koch, dessen sonst geschickt sicherer Schnitt auf einmal seinen Daumen verletzt, und sieht einfach zu.

Wir leben mit und durch unsere Sinne, die in und durch unseren Tod konditioniert sind. Scheint aber ein einzelner Aspekt der Realität – ein Gegenstand, eine Person, selbst eine Zeitspanne – in sich selbst Überfluss zu erfahren, dann ist das, was wir fühlen, komplizierter als Freude. Das liegt daran, dass diese Fülle gleichzeitig ein unerklärliches Fortschreiten der Sache wie auch den Verlust der Sache an sich bedeutet. Ewigkeit und Vergessen gleichzeitig. Und deswegen ist Poesie so mächtig und so wesentlich für jedes vereinte geistliche Leben: Sie bewahrt beide Aspekte der geistlichen

Erfahrung, da sie das Loben wie Verlieren in ein und demselben Moment zu benennen weiß. Es gibt so viele Möglichkeiten, „Gott" zu sagen.

***

Am von Erlen überschatteten Ufer,
wo sich der Bach zu einem durchsichtigen Strahl verlangsamt,
beuge ich mich zum Wasser, beule die Oberfläche mit Schweiß ein,
und sehe, bevor ich trinken kann,

eine aufgeschreckte, kleine Forelle
mit gefleckter Fast-Durchsichtigkeit,
einen Schatten durchkämmen, fester als sie.
Sie schlingert jetzt, schert aus,

Dorthin, wo sie sich in einer aufgewühlten Masse
aus Funken und glänzendem Schlamm,
durch Bachbettsteine schlängelt, untergegangene Blätter aufwühlt
und kopfvoraus aus dem Blick verschwindet

Unter einer Glasscheibe
verwirrt durch das kurzzeitige Flackern
glitzernder Libellen über ihrem Gesicht,
in dem tiefe Wölkchen vorüberziehen

Und in einem weißen Abgrund
von gespiegelten Birken niedertaucht
dorthin, wo das Blau des Zenits ertrinkt.
Wie soll ich das alles trinken?

Die trickreiche Freude bietet
trockenen Lippen Abkühlung und Stillung,
verblüfft sie aber auch mit einem Schmerz,
den niemand stillen kann.

– Richard Willbur, „Hamlen Brook"[35] –

* * *

„Gott ist fern, schwierig", schreibt Geoffrey Hill, ein zeitgenössischer religiöser Dichter, dessen Werk – fern, schwierig – aus dem Samen dieser Annahme erwachsen ist, wie man sagen könnte. Aber in Wirklichkeit ist Ferne von Gott – ihre Annahme – oft nicht der Schrecken und die Plage, zu der wir sie machen, sondern das genaue Gegenteil: Sie ist falsche Bequemlichkeit, denn sie verlangt von uns nichts Unmittelbares. Oder das, was sie verlangt, ist innerlich, intellektuell, sich selbst genügend. Das Resultat ist ein Moment meditativer Verbundenheit, vielleicht, oder ein Kunstwerk oder gar – oh, mein einfacher, leicht nebulöser Gott – eine weitere kleine Phrase über das Unaussprechliche.

An Christus zu glauben – ihm zu dienen –, ist hingegen ziemlich schwierig, und zwar deshalb, weil er uns die ganze Zeit so nahe ist. Als ich 21 war und eine miese Arbeit in der Innenstadt von Seattle hatte, verbrachte ich meine Mittagspausen in der Nähe des Hafens. Als an einem bestimmten Tag alles klar, blau, frisch war – und schweißgebadete Männer aus dem Metall auftauchten, mit dem sie arbeiteten, und kreischende Möwen im Wind schwebten und meine eigene Befreiung von der betäubenden Büroeffektivität einer unsagbar großen Betonung von Licht und Zeit nahe zu sein schien –, taumelte plötzlich ein zerlumpter, von Brand befallener Mann mit ausgestreckten Armen wie eine Seele aus der Hölle auf mich zu.

Die moderne geistliche Sicht basiert auf der Tatsache, dass Gott fern ist, und geistliche Erfahrung beläuft sich für viele von uns hauptsächlich auf ein wesentliches, zutiefst empfundenes und notwendiges, aber letztendlich unausgereiftes und vorübergehendes Gefühl des Einsseins oder der Einheit mit Existenz. Es ist mystisch wie wertvoll, aber fern. Christus jedoch verhält sich wie eine Glasscherbe in unserem Inneren. Christus ist Gott, der ruft: *Hier bin ich*, und ich stecke nicht nur in dem, was dich erhebt und vervollständigt und aufrichtet, sondern ich stecke auch in dem, was dich abstößt, beleidigt und entwürdigt, in dem, was alles aktiviert und verschlimmert, was du Nicht-Gott nennen würdest. Durch den Nebel Gottes zur Klarheit Christi durchzudringen, fällt einem schwer, weil sich diese Klarheit oft als unschön und „ungöttlich" erweist.

Ich drückte diesem Mann mein Essen in die Hände, von denen eine pelzig grün war, als wachse Schimmel darauf, und floh.

***

Es ist leicht, über Gott zu schreiben und zu sprechen, solange man bequem im vorherrschenden intellektuellen Klima bleibt. Selbst Menschen, die sich als Ungläubige bezeichnen würden, benutzen das Wort oft gestisch als gebrauchsfertiges Synonym für Mysterium. Doch wenn die Natur das Vakuum verabscheut, verabscheut Christus die Unbestimmtheit. Wenn Gott Liebe ist, dann ist Christus Liebe für diese eine Person, diesen einen Ort, dieses eine, zeitgebundene und von der Zeit gebeutelte Selbst.

Was ist in meinem Herzen, das du so stark
wegen seiner Liebe verfolgen solltest? Was
führt dich wie einen Fremden an meine Tür

durch die lange Nacht und im eisigen Tau
und sucht das Herz, das dich nicht aufnehmen will,
das sich religiös absichert?
– Geoffrey Hill, aus „Lachrimae Amantis[36]" –

Religiös absichert. Eine brillante Formulierung. Nicht nur, weil sie das radikale Fehlen von Sicherheit, die Unterbrechung des gewöhnlichen Lebens andeutet, die eine Hinwendung zu Christus nach sich zieht, sondern auch, weil Religion und Kirche für einige Menschen, und wahrscheinlich gelegentlich für alle, das ganze wesentliche, aber sekundäre Bauwerk bilden, das aus primärer geistlicher Erfahrung erwachsen ist. Das alles aber ist der letzte Ort auf der Welt, an dem sie Gott finden werden, der sie ansprechen möchte in den alltäglichen Stimmen anderer Menschen, anderer Leiden wie Freuden oder einfach in der zellenartigen Seele dessen, was *ist*:

Tausendgüldenkraut mit deiner treuen Blüte
du dort Erle Buche du Farn
Mittsommer Nähe meine ferne Heimat,
frische Spuren verlorenen Ursprungs.

Silbern hängen die Traubenkirschen,
der Pflaumenbaum trieft durch jeden Spalt
und Bremsen saugen am grünen Dung,
geklebt an die Süße ihrer Arbeit:

Unsterbliche Vergänglichkeit, eine „Art Anderssein", selbstverstanden,
SEI TREU wächst auf dem Verstand
wie Flechten auf dem Holz schimmern.
– Geoffrey Hill, aus „Two Choral-Preludes"[37] –

Und doch ist es die nur individuelle Beziehung zum Göttlichen, dieser Moment übernatürlicher Gemeinschaft, der am Ende von „Two Choral-Preludes“ geschieht, das ganze moderne Durcheinander vager Ontologien und Glaubensstückwerke, das so viele Menschen veranlasst, jede Doktrin kurzerhand zu verwerfen oder zu sagen, sie wären geistlich, aber nicht religiös, oder eine Form individueller „Transzendenz“ über anderen Aspekten geistlicher Erfahrung zu betonen. – Das alles ist gut, solange nicht das Leben oder der Tod mit seinen viel zu konkreten Ängsten und Leiden auf einen einbricht. Wir brauchen keine klaren Glaubensüberzeugungen, da ihre Objekte zwangsläufig wahr sind. Wir brauchen sie vielmehr, weil sie uns befähigen, auf festem Boden zu stehen, von dem aus die Wahrheit vielleicht erspäht werden kann. Und nicht nur erspäht – schließlich ist Offenbarung außerhalb des Dogmas verfügbar; in der Tat ist jedes Dogma, das gelebt wird, das eine oder andere Mal Ergebnis einer Offenbarung –, sondern als Ernte eingebracht. Klare Glaubensüberzeugungen machen das radikale Mysterium – Momente, in denen wir plötzlich *wissen,* dass es einen Gott gibt, über den wir absolut nichts „wissen“ – uns wie unserem gewöhnlichen, unmysteriösen Leben zugänglich. Und noch entscheidender: Klare Glaubensüberzeugungen befähigen uns, den Stürmen des Leidens zu widerstehen, die über jedes Leben hereinbrechen und dazu tendieren, jede geistliche Einstellung, die keine tiefen Wurzeln hat, zu zerstören.

* * *

Natürlich sage ich das als jemand, der sich in der Kirche so sehr langweilt, dass ich oft im Kopf Gedichte rezitiere. Als jemand, den ein Interviewer einmal (anerkennend, denke ich) einen „atheistischen Christen“ nannte. Und als jemand, der viel zu oft vergisst, dass es viel wichtiger ist, den Gott, an den er glaubt, anzuerkennen und in Anspruch zu nehmen, als ständig die Grenze zu der Doktrin, die er nicht glaubt, zu ziehen. Aber ich sage das auch als jemand, dessen eigene vage Ontologie von echtem Blut überwältigt wurde, mein mystischer Sinn eines Gottes in der Natur wurde ausgelöscht durch die Natur, die in meinem Körper Unheil anrichtet. Wenn Weisheit, wie Kant sagte, „organisiertes Leben" ist, habe ich leider nicht viel zu bieten. Ich stecke immer noch tief im schmutzigen Aufruhr. Falls ich an dieser Stelle wie ein Prediger klingen sollte, dann nur deshalb, weil ich ein Wespennest aus wortreichen und widerspruchsvollen Gemeindemitgliedern in mir habe.

***

Geht der Verfall des Glaubens unter Gebildeten im Westen dem Verfall der Sprache voraus, mit der Glaube definiert und erforscht wird, oder verblasst das Feuer des Glaubens in uns nur, weil die Worte durch Überbeanspruchung und Ungenauigkeit durchweicht sind und nicht mehr brennen? Wir brauchen eine Poetik des Glaubens. Eine Sprache, die weitreichend genug ist, um ein Mysterium zu fassen – das diese wiederum letztendlich besiegt –, und doch ausreichend vertraut und umfassend, sodass sie nicht nur als eine individuelle Ausdrucksweise dient, sondern allgemein verständlich ist. Ich denke manchmal, dass diese Transformation außerhalb religiöser Institutionen bereits geschieht, dass sich der Glaube von sich aus im Werk zeitgenössischer Künstler und Denker erneuert (ja, ich meine die Auswirkung so beschreiben zu können: In dem Moment, in dem sich ein Künstler bewusst wird, dass er den Glauben erneuert oder sich neu vorstellt, wird er selbst zu einem Hindernis dafür). Seit 25 Jahren geht mir diese Stelle aus Marilynne Robinsons Roman *Housekeeping* (Haus ohne Halt) nicht aus dem Kopf:

Man stelle sich Karthago vor, mit Salz besät und von allen Säern verlassen und die Samen wer weiß wie lange in der Erde, bis sie schließlich aus Kruste und Lake eine üppige Fülle von Blättern und Bäumen treiben. Wie würde es in einem solchen Garten blühen? Das Licht würde jeden Salzkelch zwingen, aufzugehen in Prismen und zu leuchtenden Wasserperlen zu reifen – Pfirsiche und Weintrauben sind kaum mehr als das, und in einer Welt aus Salz wäre die Not, den Durst zu löschen, größer. Denn Not vermag sich alle Abhilfe zu schaffen, die sie braucht. Verlangen und Haben sind wie ein Ding und sein Schatten. Denn wann platzt eine Beere süßer auf der Zunge, als wenn man sich nach ihrem Geschmack sehnt, und wann entfaltet der Geschmack viele Abstufungen und Noten von Reife und Irdigkeit, und wann kennen unsere Sinne etwas so gründlich, wie wenn wir es entbehren? Und auch das hat wieder etwas Schattenhaftes: die Vorahnung einer Welt, die geheilt sein wird. Denn sich eine Hand auf dem Haar zu wünschen, heißt fast schon, sie zu fühlen. Alles, was wir verlieren, gibt uns die Sehnsucht wieder. Wir mögen träumen und es kaum spüren, und dennoch umhegt uns die Sehnsucht wie ein Engel, streicht uns übers Haar und bringt uns wilde Erdbeeren.[38]

Dies schien (und scheint) mir, abgesehen davon, dass es Prosa von vollendeter Klarheit und Schönheit ist, nicht nur das Gefühl von Abwesenheit vollkommen auszudrücken, das jahrelang jeden geistlichen Aspekt meines Lebens spürbar durchdrang, sondern auch, was noch wichtiger ist, ihm eine Energie und Handlungsmacht zu verleihen, eine betende, aber unbestimmbare Verheißung: „Die Welt wird geheilt." Die Sprache ist eindeutig biblisch, aber sie tritt in einem säkularen Kontext auf; sie ist geistlich andeutend (und nützlich), aber in der tatsächlichen, natürlichen Welt verwurzelt und sogar durch sie bedingt; sie ist dem flüchtigen Moment absolut überantwortet, der aufgrund seiner intensiven Aufmerksamkeit über sie hinausreicht.

Die Menschen lasen Robinsons Buch in Scharen, besonders – falls meine Gespräche im Laufe der Jahre ein Hinweis darauf waren – säkulare Leser, von denen die meisten die christlichen Dimensionen der Sprache und der Geschichte nicht einmal bemerkt zu haben scheinen. Ich bin nicht sicher, ob das Buch einen Weg nach vorn zeigte – sein Ende erschien mir immer als der am wenigsten überzeugendste Teil des Romans zu sein –, aber es reinigte sozusagen die metaphysische Luft; es gab uns – Möchtegern-Gläubigen, verfolgten Nichtgläubigen, entschlossenen Säkularisten, deren Leidenschaft für das Buch ihr eisernes Äußeres untergrub – etwas, auf dem wir aufbauen konnten.

Und dann folgten 24 Jahre des Schweigens. Es erschienen hier und da erhellende Artikel wie auch ein Buch mit Essays, aber kein Roman. Ich fragte mich, ob Robinson einfach ihren Glauben an die Form verloren hatte. Doch wie viele andere war ich dann überrascht und erfreut, als sie 2004 *Gilead* veröffentlichte. Einen Roman, der Mitte des 20. Jahrhunderts im Mittleren Westen aus der Sicht eines protestantischen Pastors, der betagt war und im Sterben lag, erzählte. Das Buch liest sich wie ein Erblühen von Leere und Abwesenheit, das frostige Klima einer Elegie, das *Housekeeping* sowohl zum Leben erweckte als auch begrenzte. („Begrenzte" in dem Sinn, was das Buch für einen Menschen tun konnte. Letztendlich finde ich, dass *Housekeeping* Robinsons bestes Buch ist.) Es gibt sogar Stellen in beiden Büchern, die widerhallen und einander beantworten, so wie die oben zitierte und folgende:

Ich komme mir manchmal vor wie ein Kind, das die Augen nur das eine Mal auftut, das die Welt schaut und staunenswerte Dinge sieht, für die es nie Namen haben wird, und die Augen gleich wieder schließen muss. Ich weiß, dass das alles bloß Erscheinungen sind im Vergleich zu dem, was uns erwartet, aber das macht es umso herrlicher. Es hat eine menschliche Schönheit. Und ich kann einfach nicht glauben, dass wir, sind wir erst verwandelt und haben die Unverweslichkeit angezogen, den fantastischen Zustand der Sterblichkeit und Vergänglichkeit vergessen werden, den großen lichten Traum von Werden und Vergehen, der uns eine ganze Welt bedeutet hat. In der Ewigkeit wird diese Welt Troja sein, denke ich, und alles, was sich hier zugetragen hat, wird im Epos des Universums aufgehen, der Ballade, die sie auf den Straßen singen. Denn ich sehe keine Realität, die unsere ganz in den Schatten stellen könnte, und ich meine, schon der Glaube verbietet es mir.[39]

Das ausdrücklich christliche Element ist hier expliziter (sie spielt auf den ersten Korintherbrief an: „Wir werden nicht alle entschlafen, aber wir werden alle verwandelt werden“[40]), aber es ist eine Art Christentum, das vielen Menschen unbekannt ist, einschließlich vieler Christen. Wenn einem die Frömmigkeit verbietet, sich irgendein Leben nach dem Tod vorzustellen, das dieses Leben alles in allem minderwertig zu machen scheint, verbietet einem die Frömmigkeit im Grunde, sich selbst überhaupt ein Leben nach dem Tod vorzustellen. (Es sei denn, man stellt sich einfach vor, dieses Leben würde endlos weitergehen, was letztlich einer Art Hölle gleichkäme, selbst für die glücklichsten Menschen auf der Welt.) Man kann trotzdem den *Glauben* an ein Leben nach dem Tod haben, aber dieser wird durch die Erde sowohl entfacht wie auch begrenzt. Was bringt uns letztendlich laut *Housekeeping* unsere stärkste Sehnsucht nach Andersartigkeit, die Ahnung unserer Seele nach einem äußersten Anderswo? Die wilden Erdbeeren, die direkt vor unseren Augen liegen.

* * *

In der Literatur genügt es – es ist unverzichtbar –, seinen eigenen kleinen Wortschatz rein zu halten, sich mit nichts abzufinden, das die Feuerprobe der eigenen, intensivsten Erfahrungen und Gedanken nicht bestanden hat. Aber das reicht weder für das Leben noch den Glauben, die durch Beziehungen definiert und erhalten werden. Und in einer Beziehung zu sein, bedeutet oft, dem eigenen Ich und seiner Feuerprobe der „Wahrheit" voranzugehen, mit genau den Dingen leben zu lernen – und sie zu lieben –, die unsere Vorstellungen davon, was wir brauchen, was wir denken, wer wir sind, infrage stellen. Ich spüre ein starkes Bedürfnis – sogar einen wirklichen Auftrag –, etwas in Gemeinschaft zu glauben. Ich habe sogar das Gefühl, dass jeder Glaube, den ich habe und der nicht in irgendeiner Weise geteilt wird, wahrscheinlich nur das Wirken meines eigenen Egos, eine gewöhnliche Form modernen Götzendienstes ist.

* * *

Die Seele im Frieden – der Mystiker, der Dichter, der gute Arbeit leistet – tendiert nicht nur zum Schweigen, sondern auch dazu, das Schweigen aufzuwerten. Dichter sagen, der bessere Teil der Dichtung sei das, was nicht gesagt wird, und Mystiker und andere meditative Gelehrte sagen, die letzte Frucht des Gebets sei das Schweigen. Sie haben recht. Und doch sehnt sich die Seele in äußerster Not nach Sprache. Noch mehr als das, sie sehnt sich in der Sprache nach einem Fixpunkt der Wahrnehmung, einer Artikulation der Seele und Umstände, die weder schwankt noch verfault, einer – wie der moderne Verstand sich windet, um dieses eine Wort nicht aussprechen zu müssen – Wahrheit. Aber hier ist eine „Wahrheit": Jedes Wort, selbst das Wort „das" verliert an Bedeutung, sobald man seine Aufmerksamkeit darauf richtet. Als ich jung war, genauer gesagt bis ich krank wurde, wollte ich von der Kunst am meisten diese Implikationen und Konnotationen herauskitzeln, um mich selbst in dem größeren Sinn, den dieser ständige Sinnverlust möglich macht, zu verlieren, darin zu verschmelzen. Aber jetzt sehne ich mich nach Texten, die sich bemühen, Implikationen auszulöschen. Nach Kunst, die danach strebt, zum Kern des Jetzt vorzustoßen. Ich will das „reine, klare Wort", wie James Wright es einmal nannte: Gedanke und Gegenstand, Verstand und Materie nahtlos verschweißt durch Schmerz, Glaube, Trauer, Gnade. Dass ich an ein solches Wort nicht glaube, verstärkt nur meinen Wunsch danach.

***

Wenn das Leben in uns aufblüht, sehnen wir uns danach, zu etwas darüber hinaus zu gelangen: Eine Erfahrung, die uns aus uns selbst herausnimmt, Dichtung, die eine Form und einen Raum für das Unbeschreibliche artikuliert, Gebet, das um Gottes willen das Selbstbewusstsein auslöscht. Wenn aber der Tod in uns gedeiht, wenn das Unbeschreibliche angefangen hat, wie eine letzte, unvermeidliche Abenddämmerung in uns einzudringen, und das Ticken jedes Moments das Klicken einer Tür ist, die uns ausschließt – schauen wir zurück. Wieder im Krankenhaus, außer Atem wegen meines nutzlosen Blutes, vierundzwanzig Stunden am Tag an verschiedene Chemotherapien gekettet, verärgert über jemanden, den ich kaum wiedererkenne und den ich nicht mag, greife ich wahllos zu dem Stapel verhasster Bücher auf dem Nachttisch und lese

Beängstigend sind die aufmerksamen, geschmeidigen Drosseln auf dem Rasen,
mehr aufgewickelter Stahl als lebend – ein bereites
dunkles, tödliches Auge, jene zarten Beine

reagieren auf nicht wahrnehmbare Bewegungen – mit einem Ruck,
einem Sprung, einem Stich,
den Moment bezwingend, ein sich windendes Ding herauszerrend.
– Ted Hughes, „Thrushes“[41] –

und weine um die Welt, die mir diese winzige, beängstigende und gesegnete intranszendente Klarheit zurückgibt.

* * *

Zu viele Elegien
erheben

Traurigkeit
zu einer Art

trauriger
Religion:

man will
am Ende

sich nur einmal
anfreunden mit

der eigenen
Einsamkeit

und
aus dem Schmerz,

aus dem In-sich-Sein …
etwas machen –

vielleicht Musik,
oder einfach nur

daran glauben,
und der Sommer

und das lange Zimmer
allein,

wo das Kind
zufällig

eine Biene trifft,
die gegen

eine Scheibe
schlägt

wie ein Angriff
des Glücks.

***

Der berühmte Satz von Aurelius Augustinus in seinem unendlich langen Buch über die Trinität lautet: „Aber nicht, um etwas Bestimmtes damit zu sagen, sondern um nicht ganz zu schweigen."[42] Wie viele Theologen habe ich diesen sich selbst rechtfertigenden Satz schon sagen hören, als wären die einzigen beiden Alternativen eine Art hartnäckiger Eifer und machtloses Schweigen. Augustinus trifft daran keine Schuld (an anderer Stelle sagt er: „Wenn du ihn begreifst, ist er nicht Gott."[43]), aber zeitgenössischen Interpretationen dieses Satzes sollte ein anderes berühmtes Zitat gegenübergestellt werden, und zwar ein Satz von Wittgenstein: „Wovon man nicht sprechen kann, darüber muss man schweigen."[44] Der Zweck der Theologie – der Zweck jedes Nachdenkens über Gott – ist es, uns das Schweigen klarer und deutlicher zu machen, die Nicht-Bedeutung – womit ich jene Aspekte des Göttlichen meine, die sich nicht auf menschliche Bedeutungen reduzieren lassen – irreduzibler und furchtbarer und damit letztendlich wunderbarer zu machen. Aus diesem Grund ist die Kunst in Bezug auf das Theologische oft besser als die Theologie selbst.

***

Der große Kampf, mit dem Augustinus konfrontiert ist, sind seine eigenen körperlichen Begierden. Seine totale Hingabe an Gott verläuft analog mit einem harten Entsagen der Lust (beziehungsweise, präziser ausgedrückt, das Akzeptieren der Gnade, das seinem Bestreben nach Gott nachkommt, den eigenen Wunsch nach körperlichen Freuden zu bezwingen). Aber was in aller Welt will das einem modernen Menschen, der eine gewisse Ahnung von Biologie besitzt oder nur ahnt, dass Gott keine puritanische Schullehrerin ist, sagen? Hatte hier Augustinus, einer der größten Denker der westlichen Welt, etwa Scheuklappen auf, war er ein wenig zu einfältig? Eine konkrete Sache zwischen uns und Gott zu setzen, eine konkrete und potenziell ausrottbare Sünde, scheint viel leichter zu sein, als in dem geistigen Sturm des modernen Glaubens zu leben, in dem der Glaube selbst immer *das* Problem ist. Dem Sex abzuschwören, ist vielleicht nicht leichter, als dem Unglauben abzuschwören, aber wenigstens kann man es verstehen; es ist ein Problem, mit dem man sich sozusagen herumschlagen kann. Der Versuch hingegen, den Unglauben zu erfassen, ist, als kämpfe man gegen seinen eigenen Schatten.

Oder nicht? Hier ein weiteres Zitat von Augustinus, in dem er die lang anhaltende und schmerzhafte Zeit beschreibt, als in ihm der Ruf Gottes und seine eigene Lust miteinander rangen:

Das war's, wonach ich seufzte, gefesselt, wie ich war, nicht durch ein fremdes Band, sondern das Eisenband meines Willens. Mein Wollen aber war in des Feindes Gewalt, und der hatte mir daraus eine Kette geschmiedet, mit der er mich gefesselt hielt. Denn aus verkehrtem Willen ward Leidenschaft, und da der Leidenschaft ich nachgab, ward Gewohnheit daraus, Gewohnheit aber, der man nicht widersteht, wird zum Zwang. So fügten sich gleichsam die Ringe ineinander – darum nannte ich's eine Kette – und damit hielt harte Knechtschaft mich gefangen. Der neue Wille aber, der sich bereits in mir regte, dir, mein Gott, meines Herzens einzig sichere Freude, frei zu dienen und anzuhangen, war noch zu schwach, den alten und festgewurzelten zu überwinden. So stritten in mir zwei Willen, ein alter und ein neuer, der eine fleischlich, der andere geistig, miteinander, und ihr Hader zerriss meine Seele.[45]

Um das Objekt eines Götzendienstes geht es hier eigentlich nicht. Vielmehr um den Krieg der Willen, den jede echte geistliche Erfahrung im Herzen und Kopf desjenigen entfacht, der sie hat. Und dass eine solche Erfahrung echt ist, erkennt man an dem Maß, wie sehr eine unbequeme Veränderung verlangt wird. Jeder Mensch hat einen Menschen in sich, der sterben muss. Für Augustinus war dieser Mensch der, dessen geistliches Sein durch sein körperliches Sein verschlossen war. Für mich – und ich nehme an, für viele moderne Gläubige oder Möchtegern-Gläubige – ist das Problem kein physisches, aber nichtsdestotrotz ist es fassbarer, als wir es uns selbst eingestehen. Und die Spannung in uns, die so versessen und einzigartig „modern" erscheint, ist in Wirklichkeit die älteste Sünde der Bibel: intellektueller Stolz.

***

Erreichbar nah und unverloren blieb inmitten der Verluste dies eine: die Sprache. Sie, die Sprache, blieb unverloren, ja, trotz allem. Aber sie musste nun hindurchgehen durch ihre eigenen Antwortlosigkeiten, hindurchgehen durch furchtbares Verstummen, hindurchgehen durch die tausend Finsternisse todbringender Rede.[46]

Paul Celan. Der seine beiden Eltern im Holocaust verlor und selbst einige Zeit in einem Arbeitslager verbrachte. Der nach Geschehnissen, die so katastrophal und verderbt waren, dass der Akt, anschließend Kunst zu schaffen, vielen nicht nur als Impertinenz, sondern als Obszönität erschien, als er einen Weg fand, Gedichte zu schreiben, und zwar auf eine völlig neue Art. Gott war absent, weder im intellektuellen Sinne noch im Gott-ist-tot-Stil der Caféhaus-Existenzialisten, sondern wirklich fort – herausgerissen aus den Eingeweiden der Menschheit, wie ein heulendes Schweigen im Innern eines der schlimmsten Leiden, das Männer und Frauen je erlebt haben. Es schien das Ende der Theologie zu bedeuten und für einige Theologen war es das auch. Für andere jedoch, wie für Celan, war es ein schwerer Neuanfang:

Unser Glaube beginnt genau da, wo die Atheisten meinen, dass unser Glaube zu Ende sein müsse. Unser Glaube beginnt mit jener Härte und Nacht, die die Nacht des Kreuzes, der Verlassenheit, der Anfechtung ist, des Zweifels an allem, was es gibt. Wirklich: Was es gibt! Unser Glaube muss dort geboren werden, wo alle Gegebenheiten ihn verlassen. Er muss geboren werden aus dem Nichts, muss dieses Nichts schmecken und zu schmecken bekommen, wie sich das kein Philosoph des Nihilismus vorstellen kann.[47]

– H. J. Iwand –

Ich entnehme dieses Zitat aus Jürgen Moltmanns großartigem Buch *Der gekreuzigte Gott.* Wie es der Zufall wollte, war Moltmann ein einfacher, zwangsverpflichteter deutscher Soldat niedrigen Ranges und Zeitgenosse Celans. Er hatte keine Erfahrung mit dem Christentum, bis er sich in einem alliierten Kriegsgefangenenlager bekehrte, in dem er auch zum ersten Mal von den Schrecken erfuhr, die die Nazis verübt hatten. Schrecken, die, auch wenn er nicht willentlich für sein Land gekämpft hatte (er hatte sich dem ersten alliierten Soldaten, den er sah, ergeben), trotzdem von seinem Land und in seinem Namen verübt worden waren. Moltmann, der seine Erfahrung mit Christus im Kriegsgefangenenlager mit dem barmherzigen Hinabsteigen Jesu in die Hölle verglich („Ich habe Christus nicht gefunden, er fand mich"), verficht nachdrücklich die Gegenwart und Macht des lebendigen Gottes, doch sein Werk quält sich mit dergleichen Frage wie Celans: Wie existiert Theologie nach einem solchen Leid – wie antwortet sie auf ein solches Leid? Moltmann fand die Antwort in jenem Moment am Kreuz, als Christus mit dem Tod ringt *Mein Gott, mein Gott, warum hast du mich verlassen?*, und er argumentierte in *Der gekreuzigte Gott*, dass jede moderne Theologie „in Hörweite des sterbenden Christus" entwickelt werden müsse.

Es ist nicht schwer zu erkennen, wie sich die Sprache der Dichtung durch Celan verändert hat. Seine Gedichte sind voll von zerklüfteten Fragmenten und Lakunen, Entbehrungen und Armut, rau zusammengepferchten Worten, sodass Bedeutungen wie von einem

Wrack wild absplittern – und dann, durch alles hindurch, einen wunderbar, zobelartigen Glanz entwickeln:

Niemand knetet uns wieder aus Erde und Lehm,
niemand bespricht unsern Staub.
Niemand.

Gelobt seist du, Niemand.
Dir zulieb wollen
wir blühen.
Dir
entgegen.

Ein Nichts
waren wir, sind wir, werden
wir bleiben, blühend:
die Nichts-, die
Niemandsrose.

Mit
dem Griffel seelenhell,
dem Staubfaden himmelswüst,
der Krone rot
vom Purpurwort, das wir sangen
über, o über
dem Dorn.[48]

Das ist eine Sache, die Celan lehrt: seinen Hass zu beten („Gelobt seist du, Niemand …“). Aber zu verachten, impliziert etwas, das *zu* verachten ist, und so singen diese schwarzen Psalmen auf ihre eigene wütende Art Gott ins Sein zurück.

Doch wie verändert sich die Sprache des Glaubens? Eines meiner Probleme mit dem Christentum ist, dass mir alles Reden vom Himmel absurd erscheint, obwohl ich glaube, dass wir Seelen haben und dass sie unseren Tod überleben, und zwar auf eine Weise, die wir uns vorzustellen absolut unfähig sind („Man stelle sich Karthago vor, mit Salz besät …"). Ich weiß nicht, was es bedeutet, wenn wir sagen, dass Christus „für meine Sünden starb" (Wer möchte das? Wer hat diese perverse Rechnung erfunden?), aber ich verstehe – oder erahne vielmehr – die Vorstellung, dass Gott nicht über oder jenseits von menschlichem Leiden oder dagegen immun ist, sondern nah bei uns – ganz in unserer Mitte, in unserer Trauer, unserem Gefühl von Verlassensein, unserem höllischen Staunen, wenn wir uns völlig allein und hilflos vorfinden.

Wie soll man über so etwas sprechen? Sprache, selbst wenn sie sich nach einem Leben, das über dieses Leben hinausgeht, ausstreckt, muss das Mal des Verlorenseins tragen. Nicht verloren gewesen zu sein. Sondern verloren zu sein. Denn so intensiv man auch an die Auferstehung glaubt, bleibt sie doch eine Frage *des* Glaubens. Aber jenes absolute Verlassensein und jene Sehnsucht, die Christus veranlasste, am Kreuz zu rufen, jenes Entsetzen und jene Leere angesichts des Todes und der Trauer – diese Dinge kennen wir, diese Realität ist der Boden, auf dem wir zu bauen beginnen können. Oder wieder aufzubauen:

Christen, die nicht das Gefühl haben, dem gekreuzigten Christus entfliehen zu müssen, haben ihn wahrscheinlich noch nicht radikal genug verstanden … Radikaler christlicher Glaube kann nur bedeuten, sich vorbehaltlos dem „gekreuzigten Gott" hinzugeben. Das ist gefährlich. Er verspricht nicht die Bestätigung der eigenen Vorstellungen, Hoffnungen und guten Absichten. Er verspricht zuallererst den Schmerz der Umkehr und fundamentalen

Veränderung. Er bietet kein Erfolgsrezept. Hingegen bringt er eine Konfrontation mit der Wahrheit. Er ist nicht positiv und konstruktiv, sondern er ist in erster Linie kritisch und destruktiv. Er bringt den Menschen nicht in eine bessere Harmonie mit sich selbst und seiner Umwelt, sondern in Widerspruch mit sich selbst und seiner Umwelt... Die „Religion des Kreuzes", wenn Glaube auf dieser Grundlage je so genannt werden kann, erhöht und erbaut nicht im üblichen Sinn, sondern skandalisiert; und am meisten skandalisiert sie die „Ko-Religionisten" im eigenen Umfeld. Aber durch diesen Skandal bringt er Befreiung in eine Welt, die nicht frei ist. Denn in einer Zivilisation, die auf dem Prinzip der Leistung und des Genusses aufgebaut ist und die damit Leid und Tod zur Privatsache macht, ausgeschlossen aus ihrem öffentlichen Leben... ist letztendlich nichts so unpopulär, wie dass der gekreuzigte Gott durch den Glauben zu einer gegenwärtigen Realität gemacht wird. Er entfremdet entfremdete Menschen, die sich mit der Entfremdung abgefunden haben.

– Jürgen Moltmann –

***

Wir wollen etwas füllen, das leer sein will; wir suchen Sinn in etwas, das davon frei sein will. Alles ist Streben, Bemühen, Leistung, obwohl das wahre Ziel oft immun gegenüber dem allen ist, ihm manchmal sogar Anathema ist. Der große polnische Dichter Zbigniew Herbert hat ein Gedicht geschrieben, in dem der Sprecher, nachdem er ein Leben lang nach den Sternen strebt, sie letztlich aus Angst, sie könnten für ihn alles sein, vom Himmel herabfallen sieht. Und dann?

Er träumt nicht mehr vom Fliegen
sondern von einem Sturz
der wie ein Blitz
ein Bild von Unendlichkeit zeichnet
– aus „Chosen by the Stars" –

Ein schöner neuer Ausdruck eines alten Gedankens. George Herbert schrieb im 16. Jahrhundert: „Dann wird der Sturz das Fliegen in mir voranbringen." Das ist nicht einfach das literarische Äquivalent zu „die Talsohle erreichen", bevor man anfangen kann, sich zu erholen. Nein, beide Herberts verweisen hier auf die Tatsache, dass manchmal eine Bedeutung der Nicht-Bedeutung innewohnt. Ich meine damit nicht „was wie Nicht-Bedeutung erscheint"; so als ob man einen Tipp verstecke, weil die Bedeutung wäre, dass er nur darauf warte, gefunden zu werden – als wäre Bedeutungslosigkeit eine Art Schleier, den wir nur beiseitezuziehen lernen müssen. Es ist die Absolutheit der Bedeutungslosigkeit, die dem Christentum, wie ich es verstehe, innewohnt und es flektiert – der Schock und die nackte Gewalt des Kreuzes, die den lebendigen Christus enthüllt. Die Offenbarung erhebt sich wie die Schöpfung nicht aus Nichts, sondern *durch etwas.*

Es gibt eine lang verstummte, aber in letzter Zeit wieder auflebende Tradition im Christentum, die versucht, nicht genau zu artikulieren, sondern einen Raum in der Sprache zu bilden, in dem diese Dynamik zwischen Bedeutung und Bedeutungslosigkeit oder zwischen Gott und der Abwesenheit Gottes geschehen kann. „Wir beten zu Gott, um von Gott frei zu werden", schreibt Meister Eckhart und will damit andeuten, denke ich, dass wir zu Gott beten, um uns selbst von der Art, wie wir zu Gott beten und ihn verstehen, zu befreien. Wir beten in Sprache, um aus den Begrenzungen der Sprache herausgehoben zu werden. Oder wie über Marguerite Porète, einer Begine aus dem 13. Jahrhundert, geschrieben wird:

Ich nenne dieses Leben klar, denn sie hat die Blindheit des sich auflösenden Lebens überwunden ... Sie weiß nicht, wer sie ist, Gott oder Mensch. Denn sie ist es nicht, aber Gott weiß sich selbst in ihr, denn sie ist von ihm. Eine solche Frau sucht nicht nach Gott. Sie hat kein „von was", mit dem sie das tun würde. Sie muss es nicht tun. Denn was würde sie dann suchen?

Das „von was", das Porète erwähnt, bezieht sich laut Michael Sells in seinem Buch *Mystical Languages of Unsaying* auf den fragenden Willen, den immer aktiven Teil unseres Verstandes, der nicht aufhört, nach dem „Warum?" zu fragen. Das ist das, was fehlt, wenn sich Gott in uns ausdrückt – und wenn wir so nahe wie möglich herankommen, diesen Zustand in Sprache auszudrücken. Sells stellt heraus, wie nahe das dem sufischen Denken ist:

Die grundlegende Aussage des Sufismus ist das Sichauflösen (fanā') und nachfolgende Bleiben (baqā') des Selbst. Diese mystischen Stadien werden mit einem polierten Spiegel verglichen. Wenn das Herz des Sufi „poliert" ist und das Ego des Sufi verschwindet, offenbart das Göttliche angeblich ihm [neutrum] durch es sein [neutrum] Geheimnis; oder, um eine andere Konvention zu verwenden, er offenbart ihm [maskulin] sein [maskulin] Geheimnis. An diesem Punkt hat die Unterscheidung zwischen Reflexiv und Nicht-Reflexiv, einem selbst und anderen, Menschlichem und Göttlichem keinen Bestand mehr.

Apophatische Sprache, Sprache, die die Aussagen, die sie macht, zu negieren oder zu unterminieren scheint, kann an dieser Stelle nicht nur das einzige „angemessene" Mittel sein, um Gott anzusprechen oder anzurufen, sondern auch das einzige wirksame. „Oh Herr, lass mich dich nicht lieben, wenn ich dich nicht liebe", schreibt George

Herbert. Wir müssen aus unserer leichten Akzeptanz der propositionalen Sprache über Gott – oder unserem leichten Widerstand dagegen – herausgerissen werden. Eine solche Sprache ist nicht nur unbrauchbar als definitive Beschreibung Gottes, sie ist einfach nicht angemessen für den intensiven und heiligen geistlichen Kampf, den so viele Zeitgenossen erleben.

***

Aber das gilt in beide Richtungen: Mystische Erfahrung braucht eine Form von Dogma, um sich nicht in Momente geistlicher Intensität aufzulösen, die nur persönlich sind. Das Dogma braucht regelmäßige Infusionen von Nichtwissen, um nicht in vorhersehbaren, dozierenden und anti-intellektuellen Gottesdiensten zu verkalken, die in den amerikanischen Mainstream-Kirchen so üblich sind. Und was heißt das alles praktisch? Es bedeutet, dass sich Gemeinden der hartnäckigen und unauslöschlichen Einsamkeit bewusst sein müssen, die einen Menschen eigentlich erst veranlasst, Gemeinschaft zu suchen, mit anderen Menschen und mit Gott. Es bedeutet, dass konservative Kirchen, die von der fröhlichen Art des amerikanischen Optimismus durchdrungen sind, die man dort als Verkaufstaktik findet, Mist verkaufen. Das bedeutet, dass liberale Gemeinden, die monatelang den Namen Jesus nicht erwähnen, geschweige denn den sterbenden Christus, nicht mehr geistlichen Zweck oder Bedeutung haben als ein städtisches Gewerkschaftshaus. Das bedeutet, dass wir – diejenigen von uns, die sich Christen nennen – eine Revolution in der Art, wie wir Gottesdienst feiern, brauchen. Es könnte viele verschiedene Dinge bedeuten: Dichtung als Liturgie, konzentrierte und längere Schweigezeiten, Lernen von anderen religiösen Traditionen und Ritualen (das erscheint mir sehr wichtig), Verwendung von apophatischer Sprache. Aber eines bedeutet es auf jeden Fall: Uns muss die Sprache als Sprache bewusst sein, wir müssen jedes Wort, das wir verwenden, hinterfragen, bis wir eine Sprache verfeinern oder neu schaffen, die für unsere konkreten religiösen Zweifel und Hoffnungslosigkeiten geeignet ist – und natürlich (und vor allem!) für unsere Freuden.

***

Und wie ist es mit dem Reden über einen Glauben, der etwas freisetzt? Gelingt das manchmal, wenn der Glaube so tief in eingefahrene Spuren der Gewohnheit versunken ist oder durch Verzweiflung stumm gemacht wurde? Bei einer Lesung in einem angesagten Loft, vor angesagten Leuten aus der literarischen Welt, lasse ich Gott in jede Überleitung einfließen. Mir ist es wichtig, dass die Gedichte in diesem Kontext gehört werden, selbst die, die ohne besser ankämen. Öffentlich zu bekehren, bewirkt nicht viel, jedenfalls nicht mit Worten, und ich habe sowieso nie einen Ruf (oder die Kompetenz) in diese Richtung gespürt. Nein, es verhält sich eher so, dass diese Gelegenheit meine Urstimme, die Dichtung, weckt, und in dieser Stimme steckt, Gott sei Dank, Gott. Darin liegt ein Risiko wie auch eine verwundbare Unsicherheit. Und erst jetzt, da sich meine Seele in mir zu regen scheint, beginne ich die Gebundenheit des Glaubens zu fühlen, die zu den Tagen zurück widerhallt, durch die ich, wie ich dachte, glaubenslos gegangen bin, und diesen Tagen Form und Dimension und mir einen Grund gibt, sie gelebt zu haben. Das Gefühl ist ähnlich wie – aber nicht das gleiche wie – das Gefühl, das ich hatte, als ich die Gedichte geschrieben habe, eine reine Ladung elektrischen Lebens, das einen Moment so hell erleuchtet, dass die Vergangenheit hindurchscheint und die Zukunft ermöglicht.

***

Eine Glaubenshaltung ist nicht mehr – doch wie viel ist das – als eine Bewegung der Seele hin zu Gott. Es ist kein bekennender Glaube. Dieser hat Objekte – Christus wurde auferweckt, Gott erschuf die Erde –, die Glaubenshaltung nicht. Selbst ihre Bewegung ist mysteriös und unerklärlich: Ich sage, die Seele bewegt sich „hin zu" Gott, was aber nur die Begrenzung durch die Sprache ist. Es kann auch sein, dass es Gott ist, der sich bewegt, und die Seele öffnet sich für ihn. Eine Glaubenshaltung entspricht dem Vertrauen der Seele. Sie ist Glaube, wenn sie selbst in ihre reine Bedeutung zerfällt.

* * *

Und doch, und doch … Bonaventura:

Es gibt drei Übergänge, den Übergang, der ein Anfang ist (incipientium), und den Übergang, der im Fortschreiten ist (proficientium), und den Übergang, der ein Ankommen ist (pervenientium) … das ist der dreifache österliche Übergang, deren erster durch das Meer der Reue geht, der zweite durch die Wüste der Religion, der dritte durch den Jordan des Todes; und somit kommen wir im verheißenen Land an.

Die *Wüste der Religion*: als hätten wir Modernen die institutionelle Missachtung im Griff, als wären wir die Einzigen, die unserem Wunsch, den Weg zu Gott festzuschreiben, misstrauen. Bonaventura schrieb darüber im 13. Jahrhundert. Sein Bild über die Rolle der Kirche, Gnade zu erlangen, ist wenig hoffnungsvoll; jedoch unveränderlich. Um eine Wüste kann man nicht herumgehen. Und wenn man erst einmal in ihr ist, wenn man sich überhaupt Gott zugewandt hat, klebt man an der Sprache und den Ritualen des Glaubens, den man kennt, fest. Ob es einem gefällt oder nicht, die

Religion erhebt sich zwischen dem Mann Gottes – beziehungsweise dem Mann, der gern Gottes wäre, wenn er an ihn glauben könnte – und seinem Tod.

***

Von Anfang an hatte ich den großen Wunsch, die Sprache zu verändern, zum Beispiel das Wort „Gnade" durch etwas anderes zu ersetzen. Mich störten das Wort „Demut" und viele andere Wörter, die ich lange nicht mehr benutzt hatte. Mir schien „Glaube" auch eine Frage für das Wörterbuch zu sein. Natürlich ist Sprache ein System aus Bildern und beinhaltet die ganzen Erfahrungen von ländlichen Dörfern, Migranten, verschiedenen sozialen Ordnungen, Monarchie, Sklaverei, Leibeigenschaft. Wir haben uns an viele Wörter gewöhnt und vergessen, dass sie nur Bilder sind, obwohl sie zu ihrer Zeit aktiv metaphorisch, neue Entdeckungen, waren. Ich dachte, endlose linguistische Erfindung ist auch auf dem Gebiet des Glaubens erforderlich. Denker müssen Poeten sein.
Ich gebe meine Ansprüche an linguistischen Dingen jedoch langsam auf und kehre demütig zu Glauben und zu Demut zurück, da dies Wortgebilde sind, die seit Jahrhunderten von Gedanken und Gebrauch so gesättigt sind, dass es die Tat eines rücksichtslosen Parvenüs wäre, sie aufzugeben.

– Anna Kamieńska, „Diaries"[49] –

Sie hat recht. Von außerhalb lässt sich eine Religion nicht wirklich kennenlernen, geschweige denn kann man sie sich einfach nach dem eigenen Geschmack „neu bzw. wiedererschaffen". Das bedeutet, man kann alles wissen über eine Religion– ihre Geschichte, Ikonografie, Schrift etc. –, aber das alles bleibt intellektuell, bloße Information, solange die eigene Seele nicht involviert und diesem

Risiko ausgesetzt wird. An eine Religion zu glauben, an irgendeine, heißt, auf einer grundlegenden Ebene zu akzeptieren, dass ihre konkrete Wort- und Symbolsprache etwas Wahres über die Realität sagt. Das heißt nicht, dass die Worte und Symbole Realität *sind* (das ist Fundamentalismus) noch dass man diese Worte und Symbole je gut genug beherrscht, um die Realität als etwas Beständiges und Unveränderliches zu betrachten. Vielmehr bedeutet es, dass „man genauso wenig im Allgemeinen religiös sein kann, wie man im Allgemeinen Sprache sprechen kann" (George Lindbeck), und dass man das eigene Wissen und die eigene Erfahrung von äußerster Göttlichkeit nur vertiefen kann, indem man sein Wissen und seine Erfahrung durch allzu zeitlich bedingte Symbole und Sprache einer bestimmten Religion vertieft. Lindbeck geht sogar so weit zu sagen, dass die Religion, mit der man aufgewachsen ist, einen mit einem bis auf die Knochen reichenden Griff festhält, dass sie, vergleichbar einer Muttersprache, die einzige Hoffnung birgt, das Religiöse wirklich fließend zu beherrschen. So weit würde ich nicht gehen, da ich Freunde habe, deren religiöses Patchworkleben eine schwer erarbeitete Authentizität beinhaltet. Aber ich denke, dass man sich, unabhängig von der Religion, die man praktiziert, schließlich bestimmten Symbolen und einer Sprache unterordnen muss, die inadäquat sein mögen, damit dieses Inadäquate überwunden wird. Diesbezüglich gibt es eine Analogie zur Dichtung: Man kann nicht sein ganzes Leben damit verbringen, infrage zu stellen, ob die Sprache die Realität wiedergeben kann. Irgendwann muss man glauben, dass die Unzulänglichkeit der Worte, die man verwendet, durch den Glauben, mit dem man sie benutzt, überwunden wird. Man muss glauben, dass die Dichtung selbst in die Realität hineinreicht, oder man muss verstummen.

***

Ein dringender Appell hauptsächlich an mich selbst. Und meine ruhelosen, nutzlosen Gemeindeglieder. Denn die Frage bleibt: Was tust du, was sagst du, *an* was in aller Welt wirst du *glauben*, wenn du stirbst? Es genügt nicht, so zu tun *als ob*, wenn die Welle über einem zusammenschlägt, und dieser kleine Hauch des Unaussprechlichen, den man durch Meditation oder Mystizismus erfährt, für den Sterbenden Gift ist, der den Fels einer einzigen realen Wahrheit braucht. Ich befand mich in letzter Zeit so oft im Krankenhaus und in wirklich gefährlichen Situationen, doch noch nie habe ich mich von einem angemessenen Gebet weiter entfernt gefühlt. Ein Pastor kommt mich besuchen, und wir sitzen wie zwei steife Antagonisten da, weil die Sprache entweder nicht aus meinem Mund kommen will oder sich so fremd, so offensichtlich nach einer Kapitulation anfühlt, so – ich sollte es einfach sagen – *peinlich* für mich ist, dass ich im Grunde einen kleinen linguistischen Tanz um das Christentum herum aufführe, als wollte ich meine Wetten absichern. Ist es lediglich, bis zum bitteren Ende eine Form intellektuellen Stolzes? Nein, es ist ernster als das. Es besteht eine Trennung zwischen Sprache und Leben. Ich kann nicht mit derselben kreativen Hingabe, die die Poesie in mir ermöglicht, auf Worte hinleben wie: Gnade, Sünde, Erlösung. Oder vielleicht sollte ich einfach sagen, dass ich nicht mit derselben Hingabe *leben* kann, mit der ich (manchmal) schreiben kann, weil das Leben höllisch viel schwerer – und wichtiger – ist als die Kunst. Und somit kann ich meinen eigenen Ermahnungen nicht folgen und bleibe bei meinem Parvenü-Zögern, meinen einsamen und schwindelerregenden Mystizismen und ertöne nicht in den klaren, wahren Noten dessen, was ich glaube, sondern den Varianten der Ruhe dazwischen.

***

Varianten
der Ruhe

Ich zitiere
einen Dichter,

den niemand kennt.
Und mich

kennt
auch niemand,

falls es sich
zufälligerweise ergibt

hier
in irgendeinem fernen Jahr,

wenn ich nicht
bin:

Es zählt,
sage ich dir,

es zählt
die Sache,

die ein Verstand
aufnimmt,

ein Gedächtnis
bewahrt,

wenn das Gedächtnis
verwandt ist

mit diesem wortlosen
Gefühl

Worte,
ganz frei in deinem Kopf:

Varianten
der Ruhe

Varianten
der Ruhe

Es gibt viele
Freunde –

so viele
wie die Toten.

DEMÜTIGE UNSERE WÖLFE

Ein Stöhnen schallt durch die Krebsstation. Ein Ton so tief und gleichbleibend, dass er kaum menschlichen Ursprungs erscheint, eher einer Note gleicht, die der Wind an Fels- und Eisklüften an einem verlassenen Ort hervorbringt, zu weit weg, als dass ihn jemand hören würde.

Doch wir hören ihn und blicken auf, als einer der beiden Pfleger eilig etwas vor sich herschiebt, das so zusammengefallen ist, dass es nur einer weiteren Falte in der Decke gleicht. Schläuche finden in dieses Körperlose hinein wie heraus, sein einziges Leben ist dieser leblose Schrei.

Die Türen öffnen sich geräuschlos und das Tuch des Leids zerfließt in der auslöschenden Helligkeit dahinter. Dann schließen sich die Türen, und wir blicken gleichzeitig hinunter auf den Boden, ohne einander in die Augen zu schauen, und warten.

***

Das Furchtbare – vielleicht könnte es etwas Herrliches sein. Und die Kranken, die es als solches sehen sollen, werden getadelt, wenn sie es nicht tun („Nutze“, verdammt noch mal, „den Tag“). Doch das Furchtbare daran, die Unausweichlichkeit des eigenen frühen

Todes zu fühlen, ist, dass dies jede einzelne weitere Szene färbt. Zu Hause bei Freunden bin ich von der Schönheit und den Späßen ihrer zweijährigen Tochter berührt. Berührt und gleichwie traurig, als ich über die Tochter nachdenke, die D. und ich haben könnten – für die mein Tod ein tiefes, lichtloses Loch wird, mit dem sie für den Rest ihres Lebens herumlaufen muss, Trauer als der Boden ihres Seins.

Was macht diese Welt aus, mit der wir so im Widerspruch stehen, ihre Schönheit, durch die wir so verwundet sind und in die hinein Gott so vollständig verschwunden ist?

* * *

In sie *hinein*, statt *aus* ihr heraus: In einem kleinen Teil Grammatik birgt sich eine ganz Welt der Hoffnung.

* * *

Dass Bekehrungen oft nach oder während eindrücklicher Lebenserfahrungen geschehen, besonders traumatischer Erfahrungen, wird manchmal als Beweis gegen sie angeführt. Der Leidende ist nicht ganz klar im Kopf. Der Verstand, der am Abgrund der Verzweiflung oder des Todes stolpert, zittert sich zu jeder Einfalt, jeder Stimmigkeit, die er ergreifen kann, zurück, und der Mensch ruft zu Gott. Ist doch egal, dass der Gott, der in solchen Momenten erscheint, vielleicht überhaupt nicht einfach sein könnte, er sich aber aus eben jenem Abgrund, dem der Mensch entfliehen möchte, erhebt und diesen mit einschließt, auch wenn viele Menschen in traumatischen Erfahrungen ihren Glauben *verlieren* – oder was wie Glauben aussah? –, statt ihn zu finden. Es ist das Zurückschrecken vor dem Leben – das, worauf uns die Gesunden immer schnell hinweisen, den Tod mit einschließt – und die Flucht zu Gott, der man nicht trauen kann.

Aber wie könnte es anders geschehen? Oft ist ein entscheidender Ruck nötig, damit wir unsere Arbeitsstelle verändern, unsere Beziehungen, unseren täglichen Kaffeekonsum – meine Güte – oder, falls wir so getaktet sind, unsere Sucht danach, uns selbst zu verändern. Wie viel mehr Drängen ist nötig, wie viel mehr Urangst, um das eigene Herz aus seinen eingefahrenen Gleisen und seinem Schutt aufzuschrecken? Gott erscheint dem Propheten Elia weder in einem Wirbelsturm noch in einem Erdbeben, geschweige denn in dem sich anschließenden Feuer, sondern in dem „stillen, sanften Säuseln", das ihm später auch die Verwüstungen verdeutlicht. Schon allein der Aufbau dieser Stelle macht deutlich, dass diese leise Stimme, auch wenn sie letztendlich mächtiger ist als all die Verwüstungen, denen sie folgt, nicht vollständig von ihnen zu trennen ist. Diese Stimme ist immer und für jeden da. Und bei einigen von uns sind leider erst vorausgehende Schrecken und Leiden nötig, damit sie fähig werden, diese Stimme zu hören.

***

Wieder liegen Jahre zwischen dem letzten Eintrag und diesem hier. Jahre des Arbeitens an verschiedenen kleinen Passagen, in denen ich Gott hier und da inmitten der unablässigen Freuden und Leiden des täglichen Lebens finde. Jahre voller Behandlungen, Besserung, Hoffnung, Hölle. Ich habe einen Krebs, der genauso selten wie im Verlauf unvorhersehbar ist, der in manchen Menschen jahrzehntelang „schwelt" und andere schnell zu Asche macht. Ich habe jetzt auch zwei Kinder, zwei hübsche, quirlige und unglaublich aufgeweckte kleine Mädchen, die mit einem Abstand von acht

Minuten geboren wurden, zu einer Zeit, als es aussah, als wäre der Krebs durch Medikamente vertrieben, die so neuartig sind, dass ich vor Staunen nicht viel Angst haben konnte, und mit so wenigen Nebenwirkungen einhergehen, dass es danach aussah, als könnte ich sie für immer nehmen. Doch das bewahrheitete sich nicht.

Auch wenn die Leute sie nie aussprechen, so kann man doch manchmal die Fragen in ihren Augen sehen: Warum habt ihr das getan? Wie konntet ihr nur Kinder einer so unsicheren Situation aussetzen? Sie mit dieser Trauer konfrontieren? Und natürlich stellen wir, meine Frau und ich, uns selbst diese Fragen, wenn es bei mir schlecht aussieht oder die Situation zu Hause schwierig ist. Aber dann sehen wir, wie sich die Mädchen gegenseitig Blumen hinhalten, die sie im Garten gepflückt haben, oder ihr unbesonnenes Spiel unterbrechen, um sich zu küssen. Oder wir erleben, wenn wir morgens ihr Kinderzimmer betreten, wie sie ihre Köpfe zurückwerfen und wie sie wie eine kleine fassbare Verwirklichung von Liebe lachen. Der Liebe, die uns beide überhaupt erst aus uns selbst heraus und zueinander geführt hat. Wir sehen all diese Dinge und wir fragen uns: Wie hätten wir sie *nicht* bekommen können? Wie könnten sie nicht sein? Wie hätte ein solches Leben, eine solche Liebe je in uns verborgen bleiben und schlummern können?

***

Ein Teil des Geheimnisses von Gnade ist, sie wirkt nicht nur als gegenwärtige Freude und zukünftige Hoffnung, sondern in gewisser Weise eben auch rückwirkend: Die Vergangenheit ist durchdrungen von einer Präsenz, die man damals nur als unversöhnliche Abwesenheit empfinden konnte. Deshalb beinhaltet erlöst zu sein (Mir gefällt auch dieser Ausdruck nicht. Nicht weil er ungenau wäre, sondern weil er durch den gegenwärtigen Gebrauch, ein die Hände-in-die-Höhe-halten-heiliges-Verzücken, eine deutliche Art von Spaltung korrumpiert ist), die eigene Vergangenheit anzunehmen und sie nicht abzulehnen. Es stimmt, dass Christus einen Menschen neu macht, dass in ihm eine ultimative Veränderung stattfindet. Aber Teil dieser Veränderung ist die Fähigkeit, das eigene Leben als Ganzes zu sehen, seine Form und Einheit zu spüren, ein Geschöpf zu werden, das für die Existenz geschaffen wurde und in ihr aufgeht, statt eines verzweifelten, gebrochenen Menschen, der gegen diese Existenz ankämpft oder für immer außerhalb von ihr gefangen ist.

***

Obwohl ich in meinem Leben Arthritis, Blasensteine, eine verpfuschte Knochenmarksbiopsie und verschiedene andere schreiende Kränkungen erlebt habe, hatte ich bis vor Kurzem keine Ahnung, was Schmerzen sind. Sie isolieren einen. Man sitzt in seiner eigenen kleinen skelettartigen Enge – eines immer mehr verschwindenden Selbst – und sieht zu, wie jeder, den man liebt, so treu er vielleicht auch an der Seite bleibt, immer weiter wegdriftet. Es drängt sich zu viel Krebs in mein Knochenmark, es ist entzündet und breitet sich aus und erzeugt deswegen Druck auf die Knochen. „Knochen dehnen sich nicht gern", sagt mir ein Arzt. Das stimmt. Hauptsächlich spüre ich den Schmerz in meinen Beinen, aber auch oben in einer Schulter und in meinem Gesicht. Es ist ein dumpfer, verzehrender Schmerz, als würde mich die Erde schon – wenn auch langsam – verschlingen. Und dann, bei einer falschen Bewegung oder einfach einer Veränderung des Atems gleicht er einem Blitzschlag, der in einem Moment ein absolutes Gefühl und absolute Vergessenheit vereint. Morgens stehe ich sehr früh auf und, nachdem ich die ganzen Schmerzmedikamente geschluckt habe, ohne daran zu sterben, sitze auf dem Sofa und versuche, mich klein zu machen, indem ich mich vorbeuge und meine Knöchel umfasse. Und dann bete ich. Jedoch nicht zu Gott, der diese Insel auch verlassen zu haben scheint, sondern zu dem Schmerz. Dass er wenigstens ein bisschen nachlässt, dass er mich atmen lässt. Dass er nicht schlimmer wird – doch ich weiß, dass er das wird.

***

Dichtung findet Verwendung für Verzweiflung. Sie kann dem Schmerz eine Form schnitzen wie auch dem Verlust eine Form und Dimension geben, dass es vielleicht ein Verlust *ist* und nicht einfach hoffnungslose Qual. Sie kann dies für einen Menschen tun wie für eine ganze Kultur. Für psychische, geistliche oder emotionale Schmerzen kann sie all das leisten. Nur bei körperlichen Schmerzen ist sie, wie alles andere außer Medikamenten, nutzlos.

***

Donnerstags beugt sich die Schmerztherapeutin über mich, sie liest den Schmerz. Sie ist präzise, kantig, spricht leise – so wie eine Schmerztherapeutin sein sollte. Ich bin ausgemergelt, gelähmt, ablehnend und doch hoffnungsvoll auf die beschämende Art und Weise hoffnungsloser Menschen. Wir haben inzwischen vieles ausprobiert, aber sie hat immer irgendein neues Pflaster oder eine neue Pille dabei. Sie ist eine berühmte Schmerztherapeutin, wie ich mitbekomme, und war in Libyen zu einer Konferenz und in Brasilien, hier wie da – wo gibt es keine Schmerzen? Ausscheidung, Sexualfunktion, der ölige Zustand der Depression: Sie geht die Nebenwirkungen durch, ohne dabei verlegen zu werden. Sie lächelt vom fernen Ufer der Barmherzigkeit und schwebt durch den Flur wie ein Engel in der Hölle.

***

Ich denke nach wie vor, dass es einen Weg zwischen Resignation und Widerstand gibt. Einen Zustand, der nicht nur einer Person, die stirbt, zur Verfügung steht, sondern jedem Menschen, der fühlt, wie der Tod seine Fähigkeit, voll und ganz zu leben, behindert und verringert. Man sagt, der Tod sei eine Abstraktion. Es sei unmöglich, den eigenen Tod mit dem Verstand zu begreifen, aber vielleicht ist gerade das die Aufgabe: den Tod konkret zu machen oder konkrete Erfahrungen lebendiger – einschließlich des Lochs der Leblosigkeit, das Teil der eigenen Wahrnehmung ist.

Eines der stärksten Erlebnisse, die ich je im Bereich der Kunst hatte, war eine Retrospektive der amerikanischen Künstlerin Lee Bontecou. Ich besuchte ihre Ausstellung mit meiner Frau, die damals noch nicht meine Frau war, sondern eine Frau, in die ich mich gerade auf eine Weise verliebte, die ich mir nie vorgestellt hätte. Auf eine Weise, die unmissverständlich wie beängstigend meine Vorstellung veränderte.

Als wir beide im letzten Raum der Ausstellung spontan zu weinen anfingen, schien unsere Reaktion diese Liebe in ihren tiefsten Verbindungspunkten zu besiegeln. Ich bin kein sentimentaler Mensch. Ich glaube nicht, dass ich *je* zuvor wegen eines Kunstwerks geweint habe. Ebenso wenig ist Bontecou bekannt als eine sentimentale Künstlerin. Doch ein Teil ihrer Arbeit ist besonders bewegend, weil sie das Gefühl von eingeschlossenem und einsamem Leiden abbildet, das über Jahrzehnte langsam verklärt wird (man fühlt es unter dem sozialen Leiden, fühlt, wie ein einzelnes existenzielles Wesen inmitten eines immensen, sinnlosen, unfertigen und scheinbar alles steuernden sozialen und historischen Drucks um Sinn kämpft). Ihr starkes frühes Werk roher, mechanistischer, militaristischer Verstocktheit weicht einer Periode (auffallend weniger erfolgreich) investigativer Laune. Es ist, als wandere sie jahrelang durch die Wüste, ehe sie dann, immer noch sehr stark in der Wüste verhaftet (die Tatsache der Leere, der Abwesenheit untermauert die Aussagen der späteren Arbeit) einer Offenbarung begegnet: Wir betraten einen Raum, der voller großer, feingliedriger, erstaunlich komplexer Mobiles war, die – wie Meeres- oder Traumwesen – von der Decke hingen. Jedenfalls wussten wir, dass wir plötzlich in einem anderen Element waren. Und konnten aufatmen.

Eine Fixierung auf den Tod ist bei jungen Künstlern verbreitet, da er eine Quelle der Intensität und Kraft zu bieten scheint, auf die der Künstler sonst keinen Zugriff hätte. Der Tod verfolgt in diesen Fällen normalerweise einen thematischen Anklang, wie beim frühen Stevens („Der Tod ist die Mutter der Schönheit"). Eine Idee, keine Sensation. Diese Fixierung kann sich auf dreierlei Weise darstellen: Ist der Künstler glücklos, aber menschlich stark und bekommt er lange vor seiner Zeit den Tod bewusst zu schmecken, kann der Tod sehr leicht als Gefühl in seinem Werk Eingang finden, dann kann er sich in die Texturen und Materialien der Kunst einflechten (Keats).

Hat er andererseits als Mensch Glück, ist aber als Künstler schwach, verschwendet er entweder seine Energien mit Frivolität oder hämmert weiterhin wie ein Gong auf dem Tod herum, bis seine Arbeit nichts als hohler Hall ist (Swinburne).

Und die dritte Option, die reifste Vorstellung, tritt ein, wenn Tod und Leben so miteinander verwoben sind, dass sie völlig untrennbar sind: Das eine ist nicht ohne das andere zu sehen.

Lee Bontecou gehört letztlich in diese dritte Kategorie, obwohl anfangs der Tod für sie bloß ein Thema war. Allein schon die Sperrigkeit ihrer ersten Skulpturen verrät diese Fixierung, diese fehlgelagerte Hingabe, doch die spätere Arbeit zerfetzt alles zu Luft und zu Licht und Draht und Glas, als wären die Seelen der früheren Stücke aus den verdorbenen Körpern herausgehoben worden. Und doch bleibt etwas Wesentliches. In jeder einzelnen Skulptur von Bontecous frühem Werk ist ein Loch, ein Raum völliger Schwärze. Die Löcher sind nicht so sehr in den Skulpturen enthalten, als ihnen vielmehr auferlegt. Sie sind Expressionen – das Wort erscheint falsch, da sie präexpressiv sind – der Sinnlosigkeit, kleine Abgründe, die bis zum Letzten alles von dem Nichts enthalten, das Raum ist.

Die Löcher finden sich auch in den späteren Mobiles. Man muss ein wenig genauer hinsehen, um sie wahrzunehmen, da die ganzen Stücke in einem gewissen Sinn voller Löcher sind, und die einzelnen Expressionen sind sehr stark Teil dieser totalen Transparenz. Aber sie sind in jedem Einzelnen da, genauso wie in den frühesten Stücken: dieses unerklärliche, irreduzible und notwendige Loch, das keine Kunst – wie diese Kunst deutlich sagt – je vollständig füllen kann. Ich erinnere mich, wie ich an jenem Tag an William Empson dachte:

Imaginiere mit mir, wunderbar,
(Vieldeutig, wie was je ein Gott bringt dar)
Was ganz unmöglich da sein will,
Lern aus Verzweiflung Stil.[50]

Und ich erinnere mich auch, dass ich dachte, ein Modell darin erkennen zu können, wie ich leben könnte, wie ich mir damals der Welt bewusst sein könnte. Es dauerte jedoch einige Jahre – genau genommen bis zum Schreiben dieses Absatzes –, bis ich erkannte, dass mir die Kunst auch ein Modell an die Hand gab, wie ich sterben kann.

Aber das ist Kunst, nicht das Leben. Eine kleine Erleuchtung in einem sonnendurchfluteten Museum mit jemandem, in den ich mich verliebte, nicht die winterliche, verwinkelte Welt der Krebsstation des Northwestern Memorial Hospital, wo ich, wie es manchmal scheint, jetzt lebe. Kunst kann darstellen, wie die schwere Dynamik, das eigene Leben zu verwandeln, aussieht, aber an einem gewissen Punkt kehrt sich diese Dynamik um: das *Leben* bildet die existenzielle Krise ab oder erzwingt diese, durch die die Kunst – große Kunst – vollständig erfahren wird. Dann besteht ein fließender Übergang zwischen Kunst und Leben, genauso wie es in gut gehenden Leben einen fließenden Übergang zwischen Denken und Materie, Selbst und Seele, Leben und Tod gibt. Es gibt Leben, deren Erfahrung klar zu strömen scheint, statt durch ziellos herumwandernden Müll des Egos gebremst und verstopft zu werden oder in kleinen Zuflüssen von Verzweiflung, Neid, Zorn zu stagnieren. Es hat damit zu tun, es mit einer einzigen Geste zu ergreifen und loszulassen. Wie auch damit, in Bezug auf das Leben und den Tod zu sein wie die Mobiles, jenes Spätwerk von Bontecou, und eine Leere zu besitzen, die, weil man diese für sich in Anspruch genommen hat, zu einer Lichtquelle geworden ist, und die Wunde zu tragen, die wie ein baufälliges Haus auf einem hohen, ausgesetzten Hügel im harten Wind singt, der es unablässig zerstört.

* * *

Als meine Großmutter – deren Lesen sich auf die Bibel und kleine geistliche Schriften von *Guideposts* beschränkte und deren Leben auf den winzigen Garten um ihr winziges Haus in der winzigen Stadt Colorado City in Texas begrenzt war – vor zwanzig Jahren starb, fühlte ich mich wie durchbohrt. Nicht nur wegen der Trauer und dem Verlust ihrer Gegenwart, sondern auch aufgrund des Eindrucks, dass eine ganz spezielle und schwer erarbeitete Art von Bewusstsein diese Welt verlassen hat. Ich hatte das bereits erwähnt: Es gibt eine Art von Bewusstsein, die nicht dem Bewusstsein entspricht, wie es Intellektuelle definieren. Es verhält sich eher passiv als aktiv. Es beinhaltet, der Welt zu erlauben, einen zu durchströmen, statt immer nur die Hände danach auszustrecken, um es zu ergreifen. Es ist das Bewusstsein des Kunstwerks und nicht unbedingt des Künstlers, der es geschaffen hat. Menschen können gelegentlich solche Werke sein, wenn die Schöpfung sie durchströmt wie die Inspiration, die tatsächlich die ganze Schöpfung ist.

***

Ich fühlte eine Million lebender Ranken,
ihre Wurzeln streckten sich durch das, was ich einst war,
als hätte ich mich schon vor meinem Tode in Erde verwandelt
oder wäre in meinem Tode imstande, irgendwie zu fühlen.

***

Lee Bontecou, meine Frau, meine Großmutter – falls dieses Bewusstsein, das ich beschreibe, ein Geschlecht besäße (und ich glaube, es hat eines), dann wäre es eindeutig weiblich. Zu dem Zerstörendsten und Verzerrendsten, das die Religion dem Glauben angetan hat, gehört, dass sie diese innere, versteckte Art von Bewusstsein übersieht, unterschätzt und sogar schlichtweg unterdrückt. So viel westliche Theologie baut auf einer fundamentalen Verunstaltung des Verstands und der Realität auf. Und durch das Vernachlässigen der Stimmen von Frauen, die für die immanente Natur der Göttlichkeit empfänglicher sind, die diese Eruption in ihrem Körper spüren, hat die Theologie eine starke – vielleicht die kraftvollste – Seite Gottes zum Schweigen gebracht.

* * *

Wenn du mehr bist als Hass oder Atmosphäre,
tritt hervor in Pracht, demütige unsere Wölfe,
oder wir nehmen selbst Souveränität an.

– Gwendolyn Brooks, „God Works in a Mysterious Way"[51] –

Zu spät? Man denke an die selbstsichere, gedächtnislose Autorität der modernen Wissenschaft (waren wir hier nicht schon mal?). Und an die starke kulturelle Betonung des Selbst. Sogar an Theologen (zum Beispiel Karl Barth), die vehement gegen menschliche „Souveränität" predigen und die sich für das absolute Anderssein Gottes einsetzen: Viel zu oft tun sie das mit einer Gewissheit, die auf einen implizierten Anspruch auf genau eine solche Souveränität hinausläuft.

* * *

Selbst wenn einen
die engsten Freunde in den Tod geleiten,
so wenig hilft's, sie könnten es gleich lassen.
Nein, wenn der Tod sich einem Kranken nähert,

ist er allein und stirbt noch mehr allein.
Die Freunde scheinen dir zum Grab zu folgen,
doch eh man drin ist, sind sie in Gedanken
schon wieder auf dem besten Weg zum Leben,
zu Lebenden, zu dem, was sie verstehen.[52]

Worte aus dem großartigen Gedicht „Home Burial" („Heimbegräbnis") von Robert Frost. Hier spricht die Mutter eines toten Kindes. Sie spricht mit dem Vater des Kindes, der auf keine Weise, die sie wahrnehmen oder verstehen konnte, getrauert hat. In ihren Anschuldigungen gegen ihn liegt etwas Hysterisches wie auch (das macht das Gedicht so großartig) etwas Wahres. Nicht nur wahr angesichts ihrer eigenen Situation (ich denke, der Vater hat große Trauer empfunden, aber sich hinter Mauern verschanzt; und sie als Mutter hat ein Recht, gegen diese zu hämmern), sondern auch allgemeiner wahr. Jeder gerät in seinem Leben an dieses Äußerste. Dieses Lärmen im Kopf, diese endlos feuernden freien Assoziationen, deren Motor das Ego ist, dieser Blutdruck im Gehirn, der immer weiter und weiter und weiter pocht: Das läuft in den Köpfen von sieben Milliarden Menschen auf dem Planeten ab, auf sieben Milliarden völlig einmalige und, wie es oft scheint, völlig nach außen abgeschlossene Arten. Dies intellektuell zu erkennen, ist eine Sache; es am Rande des Todes – des eigenen oder des eines anderen – vor Augen geführt zu bekommen, eine andere.

Ich bin Christ, nicht wegen der Auferstehung (mit ihr ringe ich immer noch) und nicht, weil ich glaube, das Christentum enthielte mehr Wahrheit als andere Religionen (ich denke, Gott [männlich oder weiblich] offenbart sich in vielerlei Formen, und manche davon sind nicht religiös), und auch nicht einfach, weil es die Religion ist, in der ich aufgewachsen bin (das war eher ein großes Hindernis). Ich bin Christ aufgrund jenes Moments am Kreuz, als Jesus den Bodensatz menschlicher Bitterkeit trank und ausrief: *Mein Gott, mein Gott, warum hast du mich verlassen?* (Ich weiß, ich weiß: Er hat aus den Psalmen zitiert, doch wer fängt an, ein Gedicht zu zitieren, wenn er gefoltert wird? Die Worte sind hier aber nicht das Entscheidende. Es geht vielmehr darum, dass er menschliche Armut im Sinne des Verlassenseins in absolutem Ausmaß empfand. Insofern geht es darum, dass Gott inmitten unserer Leiden *bei uns* ist und nicht jenseits von uns oder gar über uns.) Ich bin Christ, weil ich begreife, dass jener Moment von Christi Passion Bedeutung für mein eigenes Leben hat und dass er bedeutet, dass die absolut einsame und einzigartige Natur extremen menschlichen Leids eine Illusion ist. Ich will damit nicht sagen, dass dienende Engel herabkommen und einen trösten, wenn man stirbt. Ich will damit sagen, dass Christi Leiden die eisernen Mauern um persönliches menschliches Leid erschüttert und dass Christi Mitgefühl extremes menschliches Mitgefühl – sogar bis zum Tod – ermöglicht. Menschliche Liebe *kann* dann bis in den Tod hineinreichen, nicht aber, wenn sie *bloß* menschliche Liebe ist.

Das einzusehen, sollte den Schmerz der Einsamkeit lindern – auch bei den Trauernden, die alleine zurückbleiben, und mit der Zeit helfen, einen ins Leben zurückzutreiben. Jemandem ins Grab zu folgen, dient niemandem. Irgendwo, selbst in tiefer, außerordentlicher Trauer, ist es am schlimmsten zu wissen, dass der Schmerz eines Tages vergehen wird, dass all die nahen Details, die die Gegenwart eines Menschen ermöglicht haben, zu bloßen Erinnerungen verblassen werden. Folglich bemühen sich viele Menschen sehr darum, ihre Wunde frisch zu halten, denn in dieser Wunde steckt wenigstens der Verlust, und im Verlust das Leben, das man miteinander geteilt hat. Jedenfalls scheint es so. In Wirklichkeit aber war das Leben, das man teilte, eben weil es geteilt *wurde*, von Freude und von Licht gekennzeichnet. Doch wird es in

Einsamkeit gebettet, wird es zu reiner Trauer, einem reinen Schatten, der nicht nur für die Gegenwart und die Zukunft, sondern auch für die Vergangenheit ein Problem ist. Maßlose Trauer – von der Art, dass sie einen Menschen lähmt, dass sie schließlich zu seiner ganzen Persönlichkeit wird – ehrt am Ende nicht die Liebe, die ihr Ursprung ist. *Ist*, nicht war: Unsere Toten haben Gegenwart. Man muss nicht an einen buchstäblichen Himmel glauben, um zu spüren, wie die Toten in uns wohnen – für immer, sofern wir ihnen das zugestehen, was paradoxerweise bedeutet, sie loszulassen.

„Die Welt ist böse", ruft die Frau in „Heimbegräbnis". „Die Trauer will ich nicht, wenn's anders geht. Ich will das nicht, so nicht." Sie hat recht: Die Welt ist böse und Trauer wird in unserer Kultur zu wenig anerkannt und geehrt. Aber ich habe das Gefühl, dass ich hier zu Menschen spreche, die sich, wie diese Frau, dieser Tatsache bewusst sind und entschlossen sind, ihr zu widerstehen. Ich weiß nicht, ob die Frau in „Heimbegräbnis" krankhaft depressiv ist; ich glaube nicht. Aber ich weiß beziehungsweise spüre, dass in der Liebe, die einem früher die Welt erschlossen hat – von der Geburt eines Kindes bis zum Treffen des Lebenspartners –, ein Schlüssel liegt, der einen in die Welt zurücklassen kann, wenn diese Liebe nicht mehr da ist.

***

Trotz allem, was ich durchgemacht habe, und trotz allem, womit ich jetzt konfrontiert werde, verblüfft mich immer noch die einzigartige Art des Schmerzes in den Wochen nach meiner Diagnose. Es war nicht nur die Tatsache selbst, die sich in alle Umstände meines Lebens einbrannte, noch war es, wie viele vielleicht vermuten, die volle Erkenntnis der Bedeutungslosigkeit, die willkürliche Natur unserer Existenz, die völlige Illusion von Gott. Nein, es war ein Übermaß an Bedeutung, für die ich keinen Kontext hatte. Es war die Welt, die brannte, um über meine ruinierten Augen hinaus sie selbst zu sein. Es war Gott, der sich durch die Materie mühte, um mich sehen zu lassen und um mir die Gnade des einfachen Lobes zu gewähren.

***

Jedes Mal wenn ich mich dabei ertappe, dass ich jemandes Fragen über meine Krankheit beantworte und erkläre, was in meinem Körper vor sich geht, oder von den bizarren Behandlungen berichte, denen ich mich unterziehen muss, ist es, als wäre ich von dem, was ich beschreibe, völlig losgelöst, als wäre mein Körper eine dritte Sache, der wir beide unbeteiligt unsere Aufmerksamkeit schenken. Das ist wohl ein Grund dafür, warum jeder Ausdruck von Mitleid so schrill und unerwünscht sein kann. Letztlich wird der Kranke sehr geschickt darin, zwischen Mitgefühl und Mitleid zu unterscheiden. Mitgefühl heißt, dass das Leiden eines anderen die eigenen Nerven strapaziert. Mitleid hingegen ist die Projektion des Selbst, eine Klage um das Selbst. Weinen all diese Menschen angesichts deines Leides? Ihre Tränen sind zwar echt, aber sie weinen nicht um dich.

***

Könnt ihr solches vernehmen: „Je nach der Sphäre des Seins,
Auf die eines Menschen Sinn gerichtet sei
In der Todesstunde" – dies ist das eine Tun
(Denn die Todesstunde ist jeder Augenblick),
Das Früchte tragen wird im Leben der anderen:

Aber denket nicht an die Früchte des Tuns,
Fahret voran.
– T. S. Eliot, „The Dry Salvages“[53] –

Immer diese kleine Warnung, dieser kleine Appell an die Relevanz: *Denn die Todesstunde ist jeder Augenblick.* Ich muss sagen, dass es qualitativ anders ist, wenn sich der Tod über einen beugt und einen beschnuppert, wenn massive nichtmetaphorische Schmerzen durch die Knochen kriechen, wenn die Angst – die verdammte Angst, die man einfach nicht loswird – das Rückgrat einfriert. Als Teresa von Ávila den Eintritt in einen der innersten Räume des „innersten Schlosses“ beschreibt, in die Domäne mystischer Erfahrungen, sagt sie: „Es ist nötig, dass der, der alles gibt, auch den Mut gibt.“ Sie meint Gott. Und Gott hat mir in der Vergangenheit diesen Mut gegeben – ich habe mich spürbar über meine eigene Fähigkeit, zu antworten oder zu reagieren, erhoben gefühlt. Aber das letzte Mal im Krankenhaus, als der Krebs so viel stärker geworden war und es eine Weile schien, als hätte ich das Ende meiner Möglichkeiten erreicht, habe ich nur den Tod gefühlt. Rückblickend scheint das wie ein großes und unheilvolles Versagen.

* * *

Oder vielleicht habe ich einfach nur noch eine Chance bekommen („Ich verliere den Mut, aber der Mut ist nicht verloren.“ – Geoffrey Hill). Hier ein Gedicht von Eugenio Montale, das ich im Krankenhaus immer wieder gelesen habe:

Die rote Lilie, einst schlug sie Wurzeln
in deinem zwanzigjährigen Herzen
(das Stauwehr glänzte zwischen den Sieben

der Sandwäscher auf, und Maulwürfe tauchten
aufleuchtend ins Schilf, und Türme
mit Bannern überwanden den Regen,
und glücklich verpflanzt in die neue Sonne
zu sein, du wusstest es nicht);

die rote Lilie, geopfert einst
auf den fernen Zinnen
den Misteln, die deine Schärpe dir zausen
mit unverderblichem Frost und die Hände, –
die Grabenblume, die dir aufgehn wird
auf den prächtigen Wällen, wo das Lärmen der Zeit
nicht mehr stört ...: um die himmlische Harfe zu schlagen
und den Tod als Freund zu gewinnen.

– „Die rote Lilie"[54] –

Glücklich verpflanzt ... du wusstest es nicht. Oder verpflanzt, könnte man sagen, ohne die Art von Wissen, die wir normalerweise Wissen nennen; verpflanzt in der Art bewusster Bewusstlosigkeit, die Lee Bontecous Werk durchdringt, die meine Großmutter zu einer Inkarnation existenzieller Philosophie machte, obwohl sie nie darüber sprach. Das brauchte sie nicht, genauso wenig wie Montales wilde Lilie. Es ist ein Gedicht darüber, wie eine einzige Erfahrung, ein einziges Gefühl, wenn wir ihm treu sind, durch die Jahre zu uns zurückkehren kann und als Ballast gegen die schweren Stürme dienen kann, die sicher kommen werden. Es ist ein Gedicht darüber, die Erde so intensiv zu lieben, dass es keine Angst auslöst, sie zu verlassen. Zum Teil, weil die Erde mit einer solchen Hingabe zu lieben, bedeutet, ihren Bedingungen zuzustimmen, und zum Teil, weil eine solche Liebe die Seele weckt, die – in gewisser Weise, mit Form oder ohne Form – überlebt. *Die Seele.* Es ist auch ein Gedicht über die Seele, denn Montale besaß eine religiöse Feinfühligkeit, aber wenig Geduld für religiöse Strukturen. Das Gedicht setzt einen Ort voraus, „wo das Lärmen der Zeit nicht mehr stört“, und langsam erkennen wir, dass jene Ufer die Ufer des Lethe sind, und der einzige Kälteschauer, der „unbestechlich“ ist, ist der Kälteschauer des Todes, den das Gedicht, auf seine Weise, mit offenen Armen aufnimmt. Ich finde darin Trost, auch wenn es von einem Dichter geschrieben wurde, für den der Tod noch hauptsächlich ein Thema war.

* * *

Die Mädchen kommen um sechs Uhr in der Früh ins Bett gekrabbelt, lachen und finden entzückt die ganzen beständigen Gegenstände, die die Nacht überlebt haben: Kissen, Nase, Ohr, „Brummbrumm“ (Auto), „Arf-arf“ (ein sehr geduldiger Pudel). In der Abenddämmerung laufen die Mädchen wieder ins Elternschlafzimmer und versuchen, dem Zubettgehen zu entkommen, und als ich sie von hinten hochschwinge, lachen sie mit der ganzen reinen Freude der Seelen, die in ihnen immer noch transparent sind, die aus ihrer Haut herausscheinen wie Licht, das man nirgends sieht, außer manchmal in der heiligen Ausstrahlung von jemandem, der gut stirbt. Es ist, als wäre Freude die Standardeinstellung des menschlichen Gefühls, nicht jene flüchtigen, sich entfernenden Momente, zu denen es im Leben wird, wenn es durch Notwendigkeit, Vertrautheit, „Reife“, Leiden Kompromisse eingeht. „Wenn ihr nicht […] werdet wie die Kinder“[55], sagte Jesus. Eine Aussage, die oft benutzt wird, um Antiintellektualismus und das Ablehnen der Vernunft zu rechtfertigen, die ich jedoch so verstehe, dass wir diesen Sinn für das Staunen wiederentdecken müssen, dieses Übermaß an Geist, das aus dem Körper strömt. William Wordsworth wusste das und erahnte tatsächlich intuitiv ein Leben nach dem Tod aus der Intensität der Sensibilität von Kindern, die nicht so leben, als wäre die Göttlichkeit in allem um sie herum immanent, sondern im vollen Besitz von, im vollen *Bewusstsein* von – Bewusstsein in dem Sinn, den ich beschrieben habe, den wir Unbewusstheit zu nennen pflegen – wunderbaren Dingen:

O Freude, dass in unsren Schlacken
etwas ist, das glüht,
was die Natur will glühen lassen
und doch so leicht entflieht!
Das Gedenken an die Jahre, die uns sind vergangen,
beständ'gen Segen lässt es mich empfangen:
Nicht für das, was auch zu segnen wär in meiner Rede,
die Freude, Freiheit und der schlichte Kinderglaube,
der wie eine eben flügge Taube
noch flattert in der Kinderseele:
Nicht dafür hub ich an zu dieser Ode,
dem Dank gewidmet und dem Lobe:
Nein, jenen widerspenst'gen Fragen bin ich zugewandt,
was durch die Sinne von der Außenwelt bekannt,
was wir verloren, was entschwand, –
den schieren Ängsten einer Kreatur,
in Welten sich bewegend, die sie nicht erfassen kann, –
den erhabenen Instinkten, die unsre sterbliche Natur
erzittern lassen wie den auf der frischer Tat ertappten Mann:
Nein, jenen allerersten Stimmungen
ich spüre nach, den Schemen der Erinnerungen,
die, was auch immer sie an sich sein mögen,
ein Lichtquell doch uns sind auf allen Wegen,
ein Leitlicht auch für alles, was wir sehen,

die aufrecht halten uns und uns umhegen,
die Kraft auch haben, dass die lauten Jahre, die uns eigen,
Momente scheinen in der Stille einer Ewigkeit.

– aus „Ode: Hinweise auf die Unsterblichkeit"[56] –

***

Meine Lieben, ich werde bei euch sein, auch wenn ich nicht bei euch bin. Jeden Tag spüre ich den Abdruck der Ewigkeit ein wenig mehr, lerne ein wenig mehr „die Disziplin des Leidens, die zum Frieden des Geistes führt", wie T. S. Eliot es ausdrückte, als er über den Dichter und Priester George Herbert aus dem 17. Jahrhundert schrieb (lesen Sie ihn!), der mit 39 Jahren starb und erst kurz vor seinem Tod wahres Glück mit seiner neuen Frau und neuer Hingabe an Gott gefunden hatte. Meine Lieben, ich liebe euch mit der ganzen Unbeständigkeit und Weite des Geistes, die ihr mich zu fühlen gelehrt habt, und ich fühle eure Zukunft, die sich aus euch heraus öffnet, und in dieser erkenne ich meine eigene. Ich werde bei euch sein. Ich werde euch in eurer Verzweiflung trösten und ich werde eure Freuden mit euch teilen. Diese schwarzen Löcher in unserem Leben müssen nicht nur Trauer sein, nicht nur Leid. Wenn wir lernen können, nicht nur mit ihnen zu leben, sondern durch sie, wenn wir sie Teil der Werke heiliger Kunst sein lassen können, die wir tatsächlich sind, dann können diese offensichtlichen Schwächen die Dinge sein, die uns stärken. Das Leben reißt uns auseinander, aber durch diese Wunden, nachdem wir sie gepflegt haben, kann Liebe zu uns finden. Liebe vielleicht von jemandem, den man verloren hat. Liebe des eigenen Geistes für das eigene Ich, das man manchmal zu hassen meint. Aber wie sie auch kommen mag, in diesen allen – von diesen allen und doch mehr als sie, so viel mehr – brennt die beständige Liebe Gottes. Aber wenn man feststellt, dass man nicht an Gott glauben kann, sollte man sich deshalb keine Sorgen machen. Niemand kann sagen, welche Namen oder Formen Gott annehmen kann, oder die Intensität des Unglaubens abschätzen, aus dem wir unsere Seelen wecken müssen. Meine Liebe ist immer noch wahr, meine Kinder, immer noch bei euch, ringt immer noch durch euer Streben und eure Enttäuschungen, eure Hektik und Vergesslichkeit, durch all das Flackern und die Klüfte unerbittlicher Materie – um euch zu erreichen, euch zu helfen, euch zu heilen.

* * *

Doch wie seltsam,
dass alle diese Schrecken, Schmerzen, Not
der frühen Jahre, Reugefühle, Sorgen,
Erschöpfung, alles sich vermischend in
der Seele, sei ein Teil geworden, ja
ein unabdingbarer Bestandteil von
der stillen Existenz, die mir gehört,
wenn ich mir selbst gehören darf.

– William Wordsworth, aus „The Prelude"[57] –

* * *

Die Versuchung besteht darin, aus unserer eigenen Erfahrung einen Götzen zu machen, indem wir annehmen, unser Schmerz wäre einzigartiger, als er ist. Selbst hier, in einigen vorangegangenen Einträgen sehe ich, dass ich ihr zum Opfer gefallen bin. In Wahrheit bedeutet Erfahrung nichts, wenn sie nicht mehr als sie selbst bedeutet: *Wir* bedeuten nichts, solange unsere schwer errungenen Bedeutungen nicht im Leben von anderen verinnerlicht und katalysiert sind.

Es gibt etwas, das ich sehen soll, etwas, für das meine eigene Situation und mein Leiden die Linse sind, aber der Preis für ein solches Sehen – ich beginne erst, das zu erkennen – kann sehr gut eine endgültige Klarheit oder Perspektive für mein eigenes Leben, meinen eigenen Glauben sein. Das wäre kein schlechtes Schicksal, zu brennen wie die Hilfsrakete, die von der Trägerrakete abfällt, und ein wenig die Dunkelheit zu erhellen, wenn ich gehe.

EINE MILLION VERGESSENE KLEINIGKEITEN

„Zeitpunkte“ nannte Wordsworth sie, jene Momente, in denen sich etwas in der Welt, etwas *von* der Welt – selbst wenn dieses Etwas etwas Intuitives und manchmal sogar unerträglich Jenseitiges offenbart – manifestiert; nicht nur manifestiert, es bekommt Handlungsmacht, Animation, *Aufmerksamkeit.*

Gestern Nacht schliefen meine Frau und ich endlich ein, nachdem wir über unser gemeinsames Leben und das Leben unserer Kinder gesprochen und geweint hatten – über den besonderen Glanz mancher Momente, so vieler Momente, die wir als Geschenk erfahren haben; und anschließend über das Elend meiner Krankheit und wie es uns erdrückt, das Grauen, das wir beide angesichts dessen fühlen, was passiert, falls (ich schreibe bewusst nicht „wenn“, aber wir denken mittlerweile oft daran) ich sterbe.

Ich wache in der Nacht durch einen Schrecken auf, der reiner, weitgehender ist als mein eigener. Inhaltlich geht es nicht um mein Leiden, aber es ist der Schlüssel dazu, und eine ganze Stunde lang fühle ich mich versilbert wie durch eine eisige, unendliche Distanz, einen Abgrund reiner Bedeutungslosigkeit, von der ich bloß ein kleiner und sich grauenvoll fühlender Partikel bin. Doch ich träume nicht. Ich war noch nie so schrecklich wach. Ein „Zeitpunkt“ – und was dieser Punkt aufzeigt, ist Zeit, ist Nichtigkeit, ist Leiden ohne Bedeutung.

Ich sehne mich nicht nach gedankenversunkener Gemeinschaft mit Gott. Was man in extremen Krisen haben will, ist nicht die Verbindung zu Gott, sondern die Verbindung zu Menschen; nicht übernatürliche Liebe, sondern menschliche Liebe. Nein, das ist nicht ganz richtig. Wonach man sich sehnt, ist übernatürliche Liebe, aber man findet sie nur in menschlicher Liebe. Deshalb bin ich, so wie ich bin, Christ, weil ich Gott nur durch körperliche Existenz fühlen kann, seine Liebe nur durch die Liebe anderer Menschen fühlen kann. Ich glaube an Gnade wie Zufall, gleichzeitig. Ich glaube an absolute Wahrheit wie absolute Kontingenz, gleichzeitig. Und ich glaube, dass Christus die Naht ist, die dieses Ganze, das unsere begrenzte Sichtweise – und unser zeitgebundener, logikbasierter Lebensstil – als Gegensätze wahrnimmt, untrennbar miteinander verbindet.

* * *

Manchmal scheine ich alle christlichen Glaubenssätze glücklich in einem aktiven Schwebezustand halten zu können – einer Fusion aus Glauben und Skepsis, die buchstäbliche und bildliche Wahrheiten einschließt und übersteigt –, sofern ich an einer unzerstörbaren Tatsache (*Tatsache?!*) festhalten kann: Jesu Auferstehung. Dieses Ereignis beantwortet jeden Impuls, jede Angst, jedes Bedürfnis meiner Fantasie, es stillt und klärt den rauen Ton der Zeit, und es erträgt mich – jene stumme, armselige, selbstlose Saat des Seins, die ich meist bin –, damit ich verstehe, was Leiden ist und was es bedeutet. Doch nein. Die Realität wankt, das Bild verblasst wie ein Spiegelbild auf dem Wasser, denn angesichts jeder Behauptung über Gott, einschließlich der, die ich in dieser Minute aufstelle, gibt der Boden nach, auf dem ich stehe, und ich bleibe wieder mit der lebendigen wie flüchtigen Wahrheit zurück: Im Glauben zu leben, heißt, wie der „Jesus Lizard“ (Anm. d. Ü.: zu Deutsch: „Helmbasilisk“[58]) zu leben, schnell und flink auf dem Wasser unterwegs zu sein, in das er sonst einsinken würde, wenn er einen Moment stehen bliebe.

* * *

Christus. Er wird nicht weggehen. Ein Lektor hatte Einwände gegen eins der Kapitel, weil „zu viel Christus“ darin enthalten sei, doch ich habe immer das Gefühl, dass ich Christus ausweiche, ihm aus dem Weg gehe. Fast so, als würde ich, mit der alten liberalen protestantischen Zurückhaltung, die eine fundamentale Ohnmacht verdeckt, durch ihn in Verlegenheit gebracht. Und doch ist da eine Intensität. Ich kann es kaum ertragen, mich ihr zuzuwenden. Sie ist wie ein zerrissener Ort in meiner Seele, ein blutender Bruch. Er ist nicht mein „Freund“.

In der Kirche legt man viel Wert auf Christus als moralisches Vorbild, aber ich finde das nicht nur problematisch (Wie konnte er nur so grob seine Mutter behandeln? Warum war Jesus nicht nur so ungeduldig mit seinen Jüngern, sondern hat sie sogar geködert? Und was ist mit dieser Bemerkung von den allgegenwärtigen Armen?), sondern auch im Großen und Ganzen nutzlos. Ein Christusverständnis im Sinne Jeffersons, man brauche Christus kaum, um die Tugenden, an die Jefferson dachte, herauszubilden. Nein, Christ zu sein, muss bedeuten, an den auferstandenen Christus zu glauben, obwohl ich mich immer weniger für die historische Diskussion darüber interessiere: Stand ein Mann namens Jesus wirklich vor zweitausend Jahren drei Tage, nachdem er in Jerusalem gekreuzigt worden war, von den Toten auf? Die Argumente scheinen auf beiden Seiten überzeugend zu sein, aber der ganze Prozess, den Glauben auf die Probe zu stellen, das unablässige Bedürfnis nach einem intellektuellen *Ergebnis,* erscheint mir falsch. Es kommt einem wie ein Versagen der Anschauung vor, auch nur die Frage zu stellen, geschweige denn sich in ihr zu verstricken.

* * *

In der Apostelgeschichte gibt es einen Moment, in dem der Apostel Paulus die Athener rügt, die einen Altar errichtet haben – was sehr stark mit unserer Zeit korrespondiert – „FÜR DEN UNBEKANNTEN GOTT": Paulus weist darauf hin, dass Gott tatsächlich immer bei uns ist, wenn wir nur lernen hinzusehen. Und dann ergänzt er etwas, nur wenige Jahrzehnte nach Jesu Tod, das aufgrund seines völligen Mangels an Historizität bemerkenswert wie kraftvoll ist: „Denn in ihm [Christus] leben, weben und sind wir."[59] Paulus versucht, jene Athener – oder, wahrscheinlicher, seine eigenen frühen Nachfolger – dazu zu bringen, Jesu Leben nicht nur als einen Punkt in der Geschichte zu sehen, sondern als ein Portal zur Ewigkeit. Er versucht, sie dazu zu bringen, das zu sehen, was ich sehen muss: dass Christi Leben nicht einfach ein Vorbild ist, wie man leben soll, sondern die lebendige Wahrheit meiner eigenen Existenz. Christus ist nicht heute lebendig, weil er vor zweitausend Jahren von den Toten auferstand. Er stand vielmehr vor zweitausend Jahren von den Toten auf, weil er heute lebt.

*

Angst. Vor dem Nichts. Vor dem Sterben. Vor dem Versagen. Vor Veränderung. Sie ist unterschiedlich stark, aber sie kommt aus ein und derselben Quelle – dem isolierten Selbst, dem Selbst, das bewusst von Gott getrennt gehalten wird. Es gibt drei Möglichkeiten, mit dieser Angst umzugehen. Man kann sich einfach weigern, sie anzuerkennen, und seine Sorgen mit Alkohol oder Unterhaltung oder Sport oder gar einer Art tugendhafter Arbeitslust unterdrücken und die eigene Energie dem Rauschen der Sorge hinzufügen, das diese Kultur, die wir geschaffen haben, als Antrieb zu verwenden scheint. Das entspricht Verzweiflung, aber einer stillen Form von Verzweiflung, die für viele Jahre ertragbar ist. Bis zu dem Punkt, wenn einen dieses große Mühlrad der Welt endgültig überrollt, weil man sich einfach zu aufgerieben fühlt, um es zu bemerken.

Oder, wenn man stark ist, in der Art, wie die Welt stark ist, kann man sich am Riemen reißen und sich einer Art wütendem Widerstand anschließen, der einen vielleicht tatsächlich gut durch die Probleme trägt, großen Erfolg bringt und für andere siegreich, vielleicht sogar heroisch erscheint. Doch wenn man so bloß den eigenen Willen zur Geltung bringt, entwickelt man einen Schutzpanzer um die Seele. Die Seele, die Gott zu läutern versucht. Und eines Tages zerfällt man in dieser Schale, die man geschaffen hat, zu Staub.

Es gibt noch einen anderen Weg. Es ist der Weg, den Christus im Garten Gethsemane geht, wo er darum fleht, vor seinem Schicksal – verlassen zu sein von Gott – verschont zu werden. Das ist etwas, das man nicht als eine Art Lektion lernen kann, dadurch dass man einfach den Text liest. Christus lehrt hier durch sein Vorbild, ja, aber er lebt mit uns, lebt in uns, durch unsere Vorstellungskraft und Erfahrung. Insofern kommen wir – angesichts dieser ganzen Prüfungen in unserem eigenen Leben, dieser Ängste, so klein sie auch sein mögen – Christus nahe, wenn wir lernen, mit ihm zu sagen: „Nicht mein Wille, sondern dein Wille geschehe.“[60] Das entspricht keineswegs einer Resignation, schließlich musste Christus immer noch handeln. Und wir alle müssen etwas tun, ob gegen die Ängste unseres täglichen Lebens oder gegen die Angst, dass das Leben selbst in Gefahr ist, zerstört zu werden. Doch wenn wir in Gottes Willen handeln, drücken wir Hoffnung in ihrer reinsten und mächtigsten Form aus. Denn „Hoffnung ist", wie Václav Havel gesagt hat, „die Gewissheit, dass etwas einen Sinn hat, egal, wie es ausgeht". Hoffnung ist das, was Christus im Garten hatte, obwohl er angesichts der Umstände keinen Grund dazu hatte. Und diese Hoffnung ist das, was er jetzt für uns bereithält im Garten unserer Trauer.

***

(Die Mutter eines Predigers, den ich kenne, vertraute ihm ihren letzten Willen an. Er enthielt detaillierte Anweisungen für ihre Beerdigung, die auf die Aussage hinausliefen: „Nicht viel Christus." Mein Freund antwortete: „Also nicht viel Leben nach dem Tod." Ich mag es, mir vorzustellen, wie Christus darüber lacht – und ich *kann* ihn mir so vorstellen.)

***

Das Problem bei so vielen Gedanken über Jesu Auferstehung und die Verheißung, die darin liegt, ist das eigene Interesse, das dem ganzen Denken innewohnt und es oft antreibt: Die Auferstehung ist wichtig, weil wir wichtig sind, unser eigenes Ego. Sie ist wichtig, weil sie *für uns* ist. Aber Christi Tod und Auferstehung sollten ein Mittel sein, um uns genau von dieser Art zu denken zu befreien, dieser Vorstellung über, wie auch der Sorge um das eigene Wohl, die der Ursprung für einen so großen Teil unseres Leidens und Unglücks ist. („Für das eigene Ego zu horten, bedeutet, einen gewaltigen Sinn für die Sinnlosigkeit des Lebens zu schüren." – Abraham Joshua Heschel.) Stattdessen verkündigt das gegenwärtige

Christentum viel zu oft eine Vorstellung von der Auferstehung, die wenig mehr ist als ein Mittel, um unser armseliges Selbst ad infinitum zu projizieren. Und das Ergebnis ist eine grinsende, selbstverherrlichend wasserdichte Art von Glück, die keine Wahrheit in sich trägt.

***

Man muss jede Vorstellung davon, was Ewigkeit *ist*, loslassen, was bedeutet loszulassen, wer *man* ist, um die Wahrheit und Bedeutung von Ewigkeit im eigenen Leben wie im eigenen Tod zu spüren.

***

Sich zu verlieben, scheint gleichzeitig eine Intensivierung des Bewusstseins wie auch sein Verlust zu sein. Nie sind die physischen Fakten der Existenz offensichtlicher und wertgeschätzter und nie ist ihre Vergänglichkeit offensichtlicher und schmerzlicher. Man ist gleichzeitig auf seine Sinne reduziert wie erhoben. Diese Erfahrung bringt die meisten von uns näher als alles andere in unserem Leben zu einer Gotteserkenntnis, das heißt, näher zu dieser Unwissenheit, die jeden Aspekt unseres Lebens erhöht und verfolgt und die unser Tod ist. Denn das fühlen wir, wenn wir uns am lebendigsten fühlen, den Stachel (es kann uns auch überhaupt nicht bewusst sein), dass das Leben endet. Zu lieben heißt, sich auf diese schreckliche Angst einzulassen, darin zu schwelgen und sogar eine Weile darüber zu triumphieren. Und möge es ein letztes Gegenstück zu dieser Erfahrung geben, in dem das, was wir uns als reine Vergessenheit vorstellen, in Wirklichkeit eine immense, unvorstellbare und völlig konkrete Aufmerksamkeit, die uns zugewandt wird, ist, wenn die Kraft, die uns aus dieser Existenz reinigt, uns in eine andere hineinliebt. Ich bin nicht sicher, ob aus diesem Gedanken viel Trost gezogen werden kann, wenigstens nicht die Art, die die Religion verspricht. Das Einzige, das absurder ist, als alles Leben jenseits dieses Lebens kategorisch zu leugnen, ist der Versuch, dieses Leben zu beschreiben oder ein Gespür dafür zu haben. Denn das ist nicht Bewusstsein, sondern sein Ende, im doppelten Sinn dieses Wortes. Nicht Liebe, wie wir sie je gekannt haben, sondern Liebe, die bedeutet, vollständig erkannt zu werden.

***

Für D.

Stöhnen steigt einen jungen Baum bis zum Wipfel hinauf,
halb gebrochen und gefangen in der Beuge einer weiteren

Pause. Um den von Hügeln umringten, himmlischen Teich
verstummen die Blätter wie ein Publikum.

Eine zellartige Stille, wie von riesiger Aufmerksamkeit
niedergedrückt. Dürfte ich deine Hand halten?

Ein Schwarm Eintagsfliegen schmaust an der Vergessenheit
und schlängelt sich über dem Wasser wie sichtbares Licht.

***

Die Aufgabe liegt nicht darin, an ein Leben jenseits dieses Lebens zu „glauben"; die Aufgabe liegt vielmehr darin, es wahrzunehmen. Wahrnehmung ist keine Projektion: Wir sollen nicht unsere

Erfahrungen in diesem Leben in ein anderes projizieren, noch sollen wir uns mittels der Details dieses Lebens (das die einzige Quelle ist, die wir für unsere Vorstellung haben) ein unvorstellbares jenseitiges vorstellen. Leben ist nicht Leben ohne ein Leben nach dem Tod, und es gibt kein Leben nach dem Tod jenseits des Lebens, das wir schätzen und erleiden und das uns Moment für Moment spürbar entgleitet. Ich habe nicht die Absicht, mich in einem undurchschaubaren Paradoxon zu verstecken. Ich will etwas in dem Sinne sagen, wie es Paul Éluard vor hundert Jahren ausgedrückt hat: „Es gibt eine andere Welt, aber sie ist in dieser." Oder noch treffender, wie Jesus es vor zweitausend Jahren gesagt hat: „Das Reich Gottes ist mitten unter euch."[61] Wir können nicht über unser Leben hinausgelangen, solange wir nicht alle Vorstellungen und Erwartungen an ein jenseitiges „Darüber-hinaus" aufgeben. Niemand hat je an Gott geglaubt, ehe er ihn wahrgenommen hat:

Ein leidender verlorener Sohn,
der Wunder vollbringt,
um das einfach Gereichte zu verstehen.

– Jay Wright, „Beginning Again" –

* * *

Aber ach, wie flüchtig sind jene Wunder, wie unerbittlich und unermüdlich das Gereichte! Was könnte „Erfolg" bedeuten angesichts einer solch lebenslangen und in gewisser Weise aufgeschobenen Suche? Könnten ein solcher Verstand und ein solches Herz mit dem Ansturm von Entzücken überhaupt umgehen?

4.
Zog ich durch Jahre doch die Welt entlang
Und hatte nie, was ich gesucht, gefunden.
Mein Hoffen war zum Schatten hingeschwunden,
Dem lauter Siegesjubel fremd entklang:
So duldet' ich's, daß Lust mein Herz durchdrang,
Als ihm am Ziel sich zeigten Tod und Wunden.[62]

Diese Zeilen sind aus „Herr Roland kam zum finstren Turm" von Robert Browning und wurden vor über 150 Jahren geschrieben. Sie handeln von einem Ritter, der für Browning offensichtlich ein geistlicher Ritter war, ein Ritter der Seele, ein Ritter auf der Suche nach einer Seele im Mittelpunkt der Existenz:

5.
Wie wenn ein Kranker an dem letzten Tag
Lebwohl den Freunden sagt mit Mund und Händen
Und tot erscheint und fühlt, die Tränen enden,
Und hört, wie einer all' aus dem Gemach
Hinausweist, frei zu atmen, da den Schlag,
Der niederfiel, kein Jammer mehr kann wenden.

6.
Und man berät schon, ob bei seinen Ahnen
Noch Raum für ihn sei, wann dem toten Leibe
Bestattung werd', und ob man's rasch betreibe;
Von Kränzen spricht man, Schleifen, Trauerfahnen –
Und er vernimmt's und fleht, daß er die Bahnen
Solch zarter Lieb' nicht kreuz' – und leben bleibe.

7.

So war auf dieser Leidensfahrt so lange
Ich umhergeirrt, so oft schon war Mißlingen
Mir prophezeit gleich allen, die zu dringen
Zum finstern Turm verflucht in heißem Drange,
Daß fest ins Aug' ich sah dem Untergange,
Konnt' ich den Tod der Helden nur erringen.

Für das Misslingen geeignet zu sein. Das ist eine bescheidene Ambition, eine resignierte sogar. Wenigstens scheint es so. Der Ritter taumelt weiter durch ein Land, von dem er sagt: „Nie noch sah mein Aug' /So ärmlich, so der Adel die Natur." Er richtet seine Gedanken nach innen, um Kraft zu finden, und wird kurz gestärkt durch Erinnerungen an andere Ritter bei anderen Unternehmungen, ihre Tapferkeit und Ehre, die ihn nur noch mehr schmerzen, als er sich dann des unrühmlichen Endes erinnert, das letztlich jene Ritter nahmen. „Besser dies heut als solch vergangner Graus."

Und verhält sich das nicht immer so? Besser diese Gegenwart als die Vergangenheit, in der wir, wie wir uns erinnern, von jenen Momenten abfielen, als wir Gott in uns fühlten. Oder jene Momente, als wir so stark an den Glauben eines anderen glaubten, sodass wir dadurch selbst aufgerichtet wurden – jeden leuchtend erschütternden Moment, als das Leben uns beanspruchte, uns beruhigte und die Verzweiflung und der Tod auf Abstand waren.

Weg. Es ist immer weg – es wird immer weg sein.

Und die Dichtung? Es scheint, dass die Kunst für Browning wenigstens Zuflucht und Möglichkeit bot. Im selben Jahr, in dem er „Herr Roland" schrieb, antwortete er auf eine Kritik von John Ruskin (an einem anderen Gedicht) mit einer vehementen, aber gewinnend spielerischen Verteidigung der anhaltenden Geheimnisse der Kunst, der er sein Leben widmete:

Sie sollten, denke ich, mit dem Gedanken Schritt halten, der von Felsvorsprung zu Felsvorsprung meiner „Gletscher" strauchelt, wie Sie sagen; nicht stehen bleiben und Ihren Wanderstock in die Löcher bohren und demonstrieren, dass dort kein Fuß gestanden haben könne; – angenommen, er wäre darüber gesprungen?

Er behauptete seinen Standpunkt. Aber er war 43 Jahre alt, als er „Herr Roland" schrieb. Er war hauptsächlich als Elizabeth Barrett Brownings Mann bekannt und trotz aller überweltlichen Einsicht und Anstoß, die er Ruskin gegenüber zum Ausdruck brachte – „Der Dichter macht seine Sache mit Gott, vor dem er sich verantwortet und von dem sein Lohn ist; schauen Sie anderswohin, und Sie finden genug Elend" –, ist es offensichtlich, dass er wie jeder Mensch woanders nach Bestätigung *suchte* und „genug Elend" fand. Dass seine Kunst öffentlich scheiterte, ließ ihn introvertiert werden und diese alte Anstrengung, „das Unendliche im Endlichen unterzubringen", eher hektisch und versessen als friedvoll und befreiend erscheinen. Als Beweis dafür braucht man nur die Worte seines schrecklich entschlossenen Ritters zu lesen (beachten Sie besonders sein Wortspiel mit dem „Gestampf"; dies könnten Ritter sein, aber auch Dichter):

21.
Aufatmet' ich, wie ich das Ufer fühlte –
Ein besser Land! Vergebliches Verlangen!
Wer waren sie, die hier so wild einst rangen,
Daß ihr Gestampf den feuchten Grund zerwühlte
Zum Sumpf, da ihre Wut schier nie verkühlte,
Wie wilder Katzen hinter glüh'nden Stangen?

22.
Wo blieb das Ziel? Ob ich es nimmer?
Nichts in der Ferne als die fahle Nacht!
Nichts, was den Pfad mir wies! Wie ich so dacht',
Da traf ein ries'ger Vogel, ausgespannt
Die schwarzen, drachengleichen Schwingen, sacht
Mein Haupt. War der zum Führer mir gesandt?

Folterwerkzeuge, verwüstete Landschaft, ein großer schwarzer Vogel wie ein Bussard der Hölle – es ist die dunkle Nacht der Seele, durchlitten von dem dunklen Ritter der Seele, und genau in ihrem Kern, gerade, als die letzte Hoffnung und Menschlichkeit in ihm ausgelöscht werden, hebt er den Blick:

25.
Und glühend kam es über mich im Nu:
Dies war der Ort! Zur Rechten dort zwei Höh'n,
Geduckt wie Stiere, die den Feind erspähn –
Ein öder Berg zur Linken: Schläfer du!
Du stehst am Ziel und träumst in träger Ruh',
Und gabst ein Leben doch, um dies zu sehn!

Nachdem er sein Leben lang den finstren Turm gesucht hat, taucht der Turm nicht nur direkt vor ihm auf, sondern er ist so in das Gewöhnliche verwoben, dass er leicht an ihm hätte vorbeigehen können. „Du würdest mich nicht suchen", sagt Blaise Pascal, „wenn du mich nicht schon gefunden hättest."[63] Aber hat man die Wahrheit des Ganzen, wie ich meine, *wirklich* gesucht? Und was tut man jetzt, da man sie „gefunden" hat? Aus dem finstren Turm kommen alle anderen Ritter, die es zu diesem Ort geschafft haben – der Preis für den Zutritt, begreift der Ritter ganz genau, ist der Tod –, und die letzte Tat des Ritters auf dieser Erde verbirgt sich in der letzten Strophe des Gedichts:

29.
Sie standen, bleiche Schemen, in der Runde,
Des Endes harrend, starrend unverwandt
Der Opfer jüngstes an. Im Flammenbrand
Sah und erkannt' ich all' in dieser Stunde,
Doch keck führt' ich mein Hifthorn bis zum Munde
Und blies: „Zum finstern Turm kam Herr Roland!"[64]

Triumph oder Niederlage? Erlösung oder Vergessen? Der Ritter weiß, dass er sterben wird, aber er ist „kühn". Er steht am Rand, an dem jedes menschliche Tun versagt, und er handelt. Auden beschrieb die Dichtung einmal als „den klaren Ausdruck gemischter Gefühle": Bei dem Ritter ist es der klare Ausdruck einer ambivalenten Handlung. Oder nein, nicht ambivalent. Eigentlich ist es das genaue Gegenteil. Die letzte Handlung des Ritters ist unergründlich, unbegreiflich, aber sie ist auch geheimnisvoll bewusst. Sie ist wie ein Gedicht, so durch Bedeutung versiegelt und übersättigt, dass da nichts außerhalb von ihr zu übertragen ist. Sie ist nur – sie ist vollkommen – sie selbst. Sich selbst in das Versagen hineinzuwerfen, sich selbst durch die Traurigkeit, von der man gelebt hat, zu erheben, zu sterben weder mit Missachtung noch mit Unterdrückung, sondern in einer höheren Fusion dieser beiden, am Ende verloren in die Arme der Leere zu laufen, die Wunder Gottes beweinend.

* * *

Der unendliche, zwecklose Drang, das Leben umfassend zu betrachten, uns selbst aus der Vogelperspektive zu sehen und die

Dimensionen dessen, was wir getan oder nicht getan haben, zu beurteilen: das bedeutet, das Leben als Landschaft oder als Resümee verstehen zu wollen. Aber das Leben ist auf Zuwachs bezogen, und obwohl ein lohnenswertes Leben ein Zusammentragen von allem ist, was man ist, gut wie schlecht, erfolgreich und nicht erfolgreich, ist das Paradoxe, dass wir nie diese eine Sache sehen können, zu der sich alle unsere Inkremente (und Dekremente, vermute ich) zusammenfügen. „Früh bekommen wir einen Ruf", schreibt Czeslaw Milosz, „aber er bleibt unverständlich, und erst spät entdecken wir, wie gehorsam wir waren."

***

Jeder von uns – jeder Einzelne von uns – ist als eine Linse für Wahrheiten gedacht, die wir selbst nicht sehen können. „Das System kann den Systematiker nicht beinhalten", sagte Kierkegaard einmal. Eine klobige, aber zutreffende Formulierung für ein Problem, das selbst den Menschen gilt, die keine philosophische Ader in sich tragen. Unser Leben vergeht und unser Verstand mit ihm und alles, was wir in der Kunst oder in dauerhaften Projekten oder im familiären Gedächtnis so schwer zu bewahren versucht haben. Aber im Glauben zu leben, heißt, auf eine Wahrheit hinzuleben, die wir, wenn überhaupt, nur diffus erahnen können. Und im Glauben zu sterben, heißt, eine nachfolgende Abbildung zu hinterlassen, deren Ausmaße und Bedeutungen wir nie auch nur hätten erahnen können. Etwas von uns – etwas, das wir am meisten und am wenigsten sind – wird gerettet und anderen zugänglich gemacht. Das gilt für den Politiker genauso wie für den Dichter, für den Lehrer genauso wie für den Pfarrer, für die Mutter oder den Vater wie für den dänischen Philosophen.

***

Am Ende müssen wir genau die Dinge opfern, die uns zu Gott geführt haben. Die Fähigkeiten, die wir entwickelt und verfeinert haben, die uns befähigt haben, eine endlos kreative Abwesenheit im Zentrum dieses Lebens, eine Lebendigkeit in der Leere wahrzunehmen. Am Ende müssen diese Gaben vollständig weggegeben werden, damit wir für diesen letzten Übergang leicht genug sind:

Suche nicht mehr deinen Sinn, beklage nicht mehr deine Not,
leg plagende Gedanken und stammelnde Worte ab,
auf dem kahlen, azurblauen Übergang zu Gott;
durchschieße die Leere in Stille, wie ein Vogel,
ein Vogel, der seine Flügel anlegt, um schneller zu fliegen.
– Frederick Goddard Tuckerman, aus „Sonnet XXVII" –

***

Ich kann diese Elegie aus all dem nicht heraushalten. Ich kann den Kreis der Abwesenheit und Sinnlosigkeit, den diese Sätze umschreiben und zu betrauern scheinen – selbst inmitten von Sinn, inmitten von Freude – nicht fester schließen. Ich kann nicht der Mensch sein, der mit seinem Glauben wie auf einem Felsvorsprung steht, von dem aus das Land größer, der Horizont ferner, jeder Weg und jede Gefahr deutlicher sichtbar ist. Wort für Wort kämpft sich aus mir heraus, als befände ich mich an einem kahlen, wüsten Ort und kämpfte mich mühsam vorwärts, als gäbe es ein „Vorwärts", als endete ich nicht jedes Mal in diesem selben Kreis, der alles umschreibt, was ich nicht weiß. Ich kann das Klagelied nicht heraushalten, obwohl die Elegie nicht meine Absicht ist. Sie ist nicht das, was ich fühle, wenn ich spüre, wie mein Leben in all seinen hellen Einzelheiten Gott – anflehend – einbezieht.

Dann widmete ich mich der Million vergessener Kleinigkeiten, aus der der Tag bestand. Wolken stießen zusammen und verbanden sich über mir wie Gehirne und kurzlebige Wesen, um anschließend wieder wie überhaupt nichts zu sein. Zwei übel riechende Pekari (Nabelschweine) schnupperten und schlurften über das struppige vulkanische Land und an einer sonderbaren kleinen, von Unkraut gereinigten Stelle lagen die Knochen von fünf Antilopen wirr und bleich wie der letzte Rest einer einzigen Kreatur. Ich traf mich mit meiner Freundin, und wir sprachen über die Arbeit, die wir an diesem Tag verrichtet hatten, und das Leben, aus dem diese Arbeit hervorgegangen war, und weiter über die zurückliegenden Leben, aus denen unsere eigenen Leben entstanden waren. Wir machten uns auf den Heimweg, da es dunkel und die Kälte beißender wurde. Aber wir waren so in unser Gespräch vertieft, dass ich kaum merkte, dass der Weg zu Ende ging; als wir Stufe für Stufe wie aus einem Schutzraum – aus dem Wahnsinn einer Familie, aus der Traurigkeit, aus einer kalten Begrenzung, die ihr eigener Verstand geschaffen hatte – hinaufstiegen und sie sagte: „Und trotzdem scheine ich eine glückliche Seele bekommen zu haben."

***

Ich habe eine Knochenmarktransplantation bekommen. Ich bin seit fünf Tagen aus dem Krankenhaus und zu Hause. Neben anderen „Nebenwirkungen" habe ich mich gehäutet, in meinem Innern. Ich war vom Mund bis zu den inneren Organen so blutig und wund, dass ich nicht einmal ein Aspirin schlucken konnte. Noch schlimmer war jedoch, wie die Harmagedon-Dosis an Chemotherapie meinen Verstand so sehr störte, dass ich nicht einmal einen Zeitschriftenartikel lesen konnte, dass ich nicht mal in der Lage war, einem Schauspiel im Fernsehen zu folgen. Ich war für mehrere

Wochen im Krankenhaus, und die Zahl der Stunden nahm die deutlich spürbare Dicke einer Pille an, die man unmöglich schlucken kann. Sie ist ein „Mittel“ – inzwischen empfinde ich dieses Wort in seiner Bedeutung sowohl wunderschön als auch eben nicht, so wie „Glaube“, wie „Gott“ –, das man in jedem Moment mühsam hinunterschluckt, weil einem keine andere Wahl bleibt, weil man chancenlos ist. Und so ist es bei mir: Ich bin chancenlos.

Sieben Jahre Krebs haben mich gewiss erweiterten und schmerzlicheren Vorstellungen von Leiden (und zwar nicht nur meinem eigenen) ausgesetzt, aber ich bin nicht sicher, ob ich erleuchteter bin, was Leiden bedeutet – oder inmitten des Leidens, wenn der Schmerz meinen Verstand ausgelöscht hat, *dass* es etwas bedeutet. Ist das ein moralisches Versagen oder mystisches Erfülltsein? Ist es eine Leistung, einen Punkt zu erreichen, an dem ich darauf vertraue, dass die Bedeutung, die ich nicht fühle, da ist? Ein Zustand, den ich an anderen Stellen in diesem Buch Glaube genannt habe? Oder sollte ich das Ende einer solchen Anstrengung erreichen, nachdem ich das Ende eines Lebens wie meines unmittelbar gefühlt habe (gleichzeitig intensiv hingegeben wie unheilbar verwirrt, verfolgt wie bewohnt von einem Gott der Trauer, der Liebe, der Abwesenheit, des Beständigen), mit mehr Gewissheit, mehr Zuversicht, dass ich von Gott geliebt bin, einer gewissen Freiheit von diesen Klüften, die sich in meinem Verstand auftun, Rissen, die sich bis zu dem hellen Abgrund hinab auftun, dem letztendlich jeder Sinn fehlt außer dem, den ich ihm gebe?

Ah – es ist nicht einmal zu lernen, was ich gelernt habe. Man muss es sich weiter einhämmern. Oder genauer gesagt einhämmern lassen. (Noch einmal: in einem kleinen Teil der Grammatik birgt sich eine Welt der Hoffnung.) Ich bin nicht „chancenlos“. Im Gegenteil, mein Knochenmark ist, laut meiner letzten Biopsie, krebsfrei. Und die zig Tumore, die zeitweilig so aggressiv waren, dass ich sie aus meiner Haut hervortreten sehen und fühlen konnte, sie sind alle geschrumpft zu wahrscheinlich nur übrig gebliebenem Narbengewebe, wie mein Arzt sagt. Niemand verspricht mir ein Fortbestehen des Zustands. Die Wahrscheinlichkeit ist sogar groß, dass noch irgendeine verirrte bösartige Zelle herumschwirrt und ein Comeback plant. Aber ich habe allen Grund zu denken, dass ich am Anfang einer langen Remission stehe, vielleicht fünf Jahre, vielleicht zehn, vielleicht sogar mehr. Doch auch ohne dieses Geschenk, dieses Gefühl von Verheißung und Hoffnung, habe ich mir erlaubt, all das Staunen und Eindeutige zu vergessen, was mir in diesem letzten Jahr passiert ist, das für mich ein raues Jahr des Leidens war, in dem ich den Tod schmerzlich gefühlt habe. Ich vergeude viel Zeit in den kleinen lichtlosen Höhlen meines eigenen Verstands. So vieles am Glauben hat so wenig mit Glauben zu tun und so viel mit Annahme. Der Annahme all der ganzen Gaben, die Gott uns auch angesichts des Todes schenkt. Die Tatsache, dass wir, wie Paul Tillich sagt, angenommen sind. Angenommen durch Gnade.

Gnade – das englische Wort für Gnade lautet Grace. Es ist – gewiss nicht zufällig, wie ich nunmehr denke – der Name der Straße, in der meine Frau und ich zuerst gemeinsam lebten. Grace ist der zweite Name unseres erstgeborenen Kindes, das uns mit seiner Zwillingsschwester so viel darüber gelehrt hat, Gottes Immanenz in der Gegenwart anzunehmen. Und Gnade ist, dessen bin ich mir absolut sicher, der fürchterliche wie hoffnungsvolle Zustand, in dem meine Frau und ich in der ersten Nacht dalagen, als ich nach der Transplantation aus dem Krankenhaus zu Hause war, und wir ein helles Trotzen, einem heiligen Fieber gleich, fühlten, nicht unbedingt gegenüber dem Tod und dem Leiden, aber gegenüber einem sinnlosen Tod und Leiden – das, falls das überhaupt möglich ist, auf jeden Fall den Ausdruck Glaube erfordert.

Mein Gott, mein heller Abgrund,
in den all mein Sehnen nicht gehen will,
wieder komme ich an den Rand all meines Wissens,
und nichts glaubend glaube ich an dies.

DANKSAGUNG

Ich danke den Redakteuren folgender Zeitschriften, in denen Ausschnitte aus diesem Buch zuerst erschienen:

The American Scholar
The Best American Spiritual Writing (2008, 2010)
The Chicagoan
The Christian Century
Commonweal
Harvard Divinity Bulletin
The Huffington Post
Image
Poem (England)
Poetry Review (England)
Pushcart Prize (2009)

Besonders danke ich Naeem Murr und Paul Elie für ihre Hilfe bei diesem Buch.

Alle Gedichte ohne Autorenangabe stammen von mir. Zwei Abschnitte aus „God's Truth Is Life" und eines aus „Varieties of Quiet" sind ein Nachdruck aus meinem Buch *Ambition and Survival: Becoming a Poet* mit Erlaubnis von The Permissions Company, Inc., im Namen von Copper Canyon Press.

Christian Wiman ist Dichter, Autor von elf Büchern, zuletzt schrieb er *Joy: 100 Poems*, und Lehrbeauftragter für Religion und Literatur am interdisziplinären *Institut of Sacred Music* der renommierten Universität in Yale (New Haven, Connecticut), wo das Heilige im Kontext von Gesellschaft, Kunst, religiöser Kultur und dem öffentlichen Leben erforscht wird. Er ist Gewinner des *Ambassador Book Awards* für Poesie und war von 2003 bis 2013 Herausgeber von *Poetry*, dem ersten Magazin für Dichtkunst im englischsprachigen Bereich, das mehrfach ausgezeichnet wurde. Christian Wiman schreibt darüber hinaus für *The New Yorker, the New York Times Book Review, The Atlantic.*

ANMERKUNGEN

1 Camus, Albert: Die Pest. Rowohlt Tb, Hamburg 1998.

2 Matthäus 27,46 (LU, 2017).

3 Anmerkung des Verlags: Die Heisenberg'sche Unschärferelation oder Unbestimmtheitsrelation ist die Aussage der Quantenphysik, dass zwei komplementäre Eigenschaften eines Teilchens nicht gleichzeitig beliebig genau bestimmbar sind. Das bekannteste Beispiel für ein Paar solcher Eigenschaften sind Ort und Impuls. (Quelle: *wikipedia.org/wiki/Heisenbergsche_Unschärferelation*)

4 Übersetzung: Silvia Lutz. Nach Original: W. B. Yeats, „The Wheel". Reprinted with the permission of Scribner, a Division of Simon & Schuster, Inc., aus The Collected Works of W. B. Yeats, volume I: The Poems, Revised by W. B. Yeats, edited by Richard J. Finneran. Copyright © 1928 by The Macmillan Company, renewed 1956 by George Yeats. All rights reserved.

5 Übersetzung: Silvia Lutz. Nach Original: Craig Arnold, „Meditation on a Grapefruit". Reprinted by permission of the Estate of Craig Arnold.

6 Übersetzung: Silvia Lutz. Nach Original: Robert Bringhurst, „These Poems, She Said". From „The Beauty of the Weapons: Selected Poems 1972–1982." Copyright © 1982 by Robert Bringhurst. Reprinted with the permission of The Permissions Company, Inc., on behalf of Copper Canyon Press (U.S.). Reprinted by permission of Gaspereau Press (Canada and unlicensed territories). Reprinted by permission of Random House UK (United Kingdom and Commonwealth, excluding Canada and unlicensed territories).

7 Herbert, George: „Die Vorboten." In: Meller, Horst (Hg.): Englische und amerikanische Dichtung. Band 1. Verlag C. H. Beck, München 2000.

8 Bonhoeffer, Dietrich: Brief aus der Haft, 23.02.1944. In: Bethge, Eberhard (Hg.): Widerstand und Ergebung. Briefe und Aufzeichnungen aus der Haft. Gütersloher Verlagshaus, Gütersloh 2005.

9 Bonhoeffer, Dietrich: Nachfolge. Gütersloher Verlagshaus, Gütersloh 2008.

10 Bonhoeffer, Dietrich: Brief aus der Haft, 08.06.1944. In: Bethge, Eberhard (Hg.): Widerstand und Ergebung. Briefe und Aufzeichnungen aus der Haft. Gütersloher Verlagshaus, Gütersloh 2005.

11 Ebd. Brief aus der Haft, 30.04.1944.

12 Übersetzung: Silvia Lutz. Nach Original: Robert Frost, Auszug aus „The Wind and the Rain". Reprinted by arrangement with Henry Holt and Company, LLC.

13 Steven, Wallace: „Sonntagmorgen." In: Link, Franz (Hg.): Amerikanische Lyrik vom 17. Jahrhundert bis zur Gegenwart. Reclam, Stuttgart, 1992.

14 Bonhoeffer, Dietrich: Brief aus der Haft, 16.07.1944. In: Bethge, Eberhard (Hg.): Widerstand und Ergebung. Briefe und Aufzeichnungen aus der Haft. Gütersloher Verlagshaus, Gütersloh 2005.

15 Übersetzung: Silvia Lutz. Nach Original: René Char, „The Gods Are Back". Ins Englische übersetzt von Peter Boyle.

16 Anmerkung des Verlags: Seelenbildung-Theodizee nach John Hicks. Hicks versteht das menschliche Dasein in der Welt als Teil eines weitaus längeren Prozesses, durch den das personale spirituelle Leben nach und nach kraft seiner eigenen Freiheit zu einer Vollkommenheit geführt wird, die in der Rückschau alles Übel rechtfertigt, das sein langsames Werden begleitete.

17 Dickinson, Emily: Sämtliche Gedichte. Übersetzt von Gunhild Kübler. Carl Hanser Verlag, München 2015.

18 Empson, William: „Aubade". In: Calder, Angus (Hg.): Englische Lyrik 1900–1980, Reclam Verlag Leipzig 1983.

19 Rilke, Rainer Maria Rilke: Siebte Duineser Elegie, VII,39. In: Engel, Manfred (Hg.): Werke. Kommentierte Ausgabe in vier Bänden. Bd. 2, Gedichte, Insel-Verlag, Berlin 2003.

20 Rilke, Rainer Maria Rilke: Brief an Ilse Jahr vom 22. Februar 1923. In: Sieber-Rilke Ruth u. Sieber, Carl (Hg.): Gesammelte Briefe in sechs Bänden. Insel-Verlag, Wiesbaden 1950.

21 Mandelstam, Ossip: „Tristia." In: Dutli, Ralph (Hg.): Ossip Mandelstam. Das Gesamtwerk in zehn Bänden. Ammann, Zürich 2001.

22 Taylor, Charles: Ein säkulares Zeitalter. Aus dem Amerikanischen von Joachim Schulte. Suhrkamp, Frankfurt am Main 2009.

23 Matthäus 13,15 (LU, 1984).

24 Johannes 12,44–45 (LU, 2017).

25 Übersetzung: Silvia Lutz. Nach Original: D.H. Lawrence, „There Are No Gods". Abdruck mit freundlicher Genehmigung von Pollinger Limited und The Estate of Frieda Lawrence Ravagli.

26 Butler Yeats, William: „Das Rad." In: Beyer, Marcel (Hg.): William Butler Yeats. Die Gedichte. Luchterhand, München 2005.

27 Herbert George: „Der Seilzug". In: Meller, Horst und Richter, Klaus (Hg.): Englische und amerikanische Dichtung. Band 1. Verlag C. H. Beck, München 2000.

28 Römer 8,22 (LU, 2017).

29 Übersetzung: Silvia Lutz. Nach Original: Richard Wilbur, „Teresa". Collected

Poems 1943–2004 by Richard Wilbur. Copyright © 2004 by Richard Wilbur. Reprinted by permission of Houghton Mifflin Harcourt Publishing Company. All rights reserved.

30 Anmerkung des Übersetzers: Deutsche Übersetzung von Kurt Lhotzky, *http://www.deutschlandfunk.de/gestorben-fuer-16-zeilen-kritik.700.de.html?dram:article_id=84228*

31 Mandelstam, Ossip: „Das Stalin Epigramm." In: Dutli, Ralph (Hg.): Ossip Mandelstam. Das Gesamtwerk in zehn Bänden. Ammann, Zürich 2001.

32 Ebd.

33 Ebd.

34 Heaney, Seamus: „Lichtungen". In: Heaney, Seamus: Ausgewählte Gedichte, Hanser Verlag, München 1995.

35 Übersetzung: Silvia Lutz. Nach Original: Richard Wilbur, „Hamlen Brook." „Hamlen Brook" aus Collected Poems 1943–2004 by Richard Wilbur. Copyright © 2004 by Richard Wilbur. Abdruck mit freundlicher Genehmigung, Houghton Mifflin Harcourt Publishing Company.

36 Übersetzung: Silvia Lutz. Nach Original: Geoffrey Hill, Auszüge aus „Two Chorale-Preludes" und „Lachrimae." Aus New & Collected Poems 1952–1992 by Geoffrey Hill. Copyright © 1994 by Geoffrey Hill. Abdruck mit freundlicher Genehmigung, Houghton Mifflin Harcourt Publishing Company and Penguin UK.

37 Ebd.

38 Robinson, Marilynne: Haus ohne Halt. Verlag Silke Weniger, Gräfelfing, Hamburg 2012.

39 Robinson, Marilynne: Gilead. S. Fischer, Frankfurt am Main 2016.

40 1. Korinther 15,51 (LU, 2017).

41 Übersetzung: Silvia Lutz. Nach Original: „Thrushes". Aus Collected Poems by Ted Hughes, Copyright © 2003 by The Estate of Ted Hughes. Farrar, Straus and Giroux, New York.

42 Augustinus, De Trinitate V.

43 Augustinus, Sermo 117.

44 Wittgenstein, Ludwig: Tractatus logico-philosophicus.

45 Augustinus: Bekenntnisse. Deutscher Taschenbuch Verlag, München 1982.

46 Felstiner, John: Paul Celan. Eine Biografie. Verlag C. H. Beck, München 2010.

47 Iwand, Hans Joachim: Nachgelassene Werke. Neue Folge, Bd. 2: Christologie. Die Umkehrung des Menschen zur Menschlichkeit. Herausgegeben von Eberhard Lempp u. Edgar Thadigsmann. Gütersloher Verlagshaus, Gütersloh 1999.

48 Celan, Paul: „Psalm". In: Gellhaus, Axel (Hg.): Paul Celan. Werke. Band 6: Die Niemandsrose. Suhrkamp, Berlin 2005.

49 Die englische Übersetzung der Stelle aus Anna Kamieńskas Tagebüchern wurde von Clare Cavanagh angefertigt und erschien das erste Mal in Poetry. Anna

Kamieńska, Auszüge aus Notebooks. Ins Englische übersetzt von Clare Cavanagh.

50 Meller, Horst (Hrsg.): Englische und amerikanische Dichtung. Band 1. Verlag C.H. Beck, München 2000.

51 Übersetzung: Silvia Lutz. Nach Original: Gwendolyn Brooks, „God Works in a Mysterious Way". Abdruck mit freundlicher Genehmigung von Brooks Permissions.

52 Frost, Robert: Promises to Keep. Übersetzt von Lars Vollert. C.H. Beck, Textura, München, 2016.

53 Eliot, T. S.: „Vier Quartette." In: Hesse, Eva: T. S. Eliot. Werke in vier Bänden. Band 4: Gesammelte Gedichte 1909-1962. Suhrkamp Verlag, Frankfurt am Main 1972/1988.

54 Montale, Eugenio: Gedichte 1920-1954. Carl Hanser Verlag, München 1987.

55 Matthäus 18,3 (LU, 2017).

56 Wordsworth, William: „Ode: Hinweise auf die Unsterblichkeit". Nach Übersetzung *http://william-wordsworth.de/translations/ode.html*

57 Wordsworth, William: „The Prelude". Nach Übersetzung: *http://william-wordsworth.de/translations/the%20Prelude%201850.html*

58 Anmerkung des Übersetzers: Die englische Bezeichnung (Jesus Lizard) dieser Echse nimmt Bezug auf Jesu Fähigkeit, auf dem Wasser zu gehen, wie es dieses Tier (scheinbar) auch kann.

59 Apostelgeschichte 17,28 (LU 2017).

60 Lukas 22,42 (LU, 2017).

61 Lukas 17,21 (LU, 2017).

62 Browning, Robert: „Herr Roland kam zum finstren Turm." Ausgewählte Gedichte von Robert Browning. Deutsche Fassung aus dem Jahre 1894 von Edmund Ruete, Bremen. *https://www.kingwiki.de/index.php/Herr_Roland_kam_zum_finstren_Turm*

63 Armogathe, Jean Paul (Hg.): Pascal Blaise. Gedanken. Reclam, Leipzig 1997.

64 Browning, Robert: „Herr Roland kam zum finstren Turm." Ausgewählte Gedichte von Robert Browning. Deutsche Fassung aus dem Jahre 1894 von Edmund Ruete, Bremen. *https://www.kingwiki.de/index.php/Herr_Roland_kam_zum_finstren_Turm*

Bibeltexte, die im Buch zitiert werden, entstammen mit freundlicher Genehmigung:

- Lutherbibel, revidierter Text 1984, durchgesehene Ausgabe, © 1999 Deutsche Bibelgesellschaft, Stuttgart. (LU, 1984)
- Lutherbibel, revidiert 2017, © 2016 Deutsche Bibelgesellschaft, Stuttgart. (LU, 2017)

e AG, Zürich.

ders., Hg 1,

Herausgegeben und mit einem Nachwort von Eva Hesse, ©

Der Verlag weist ausdrücklich darauf hin, dass bei Links im Buch zum Zeitpunkt der Linksetzung keine illegalen Inhalte auf den verlinkten Seiten erkennbar waren. Auf die aktuelle und zukünftige Gestaltung, die Inhalte oder die Urheberschaft der verlinkten Seiten hat der Verlag keinerlei Einfluss. Deshalb distanziert sich der Verlag hiermit ausdrücklich von allen Inhalten der verlinkten Seiten, die nach der Linksetzung verändert wurden, und übernimmt für diese keine Haftung.

FSC www.fsc.org
MIX
Papier aus verantwortungsvollen Quellen
FSC® C014496

Die amerikanische Originalausgabe erschien im Verlag Farrar, Straus and Giroux unter dem Titel „My bright abyss – Meditation of a modern believer"
Published by arrangement with Farrar, Straus and Giroux, 18 West 18th Street, New York 10011.
Dieses Werk wurde vermittelt durch die Literaturagentur Anoukh Foerg, München.

1. Auflage 2018
Bestell-Nr. 835187
ISBN: 978-3-86334-187-9

Umschlaggestaltung: Gute Botschafter GmbH, Haltern am See
Satz: Uhl + Massopust, Aalen
Druck und Verarbeitung: GGP Media GmbH, Pößneck
Printed in Germany